探尋島國印記

綿羊到福爾摩沙一號的旅行

作者 家永實

旅行島國一圈的珍寶

家永實

島國台灣，對於她的好奇及持續探尋的開端，是因為初入社會時的工作吧。

陳列企劃是好幾年間用來介紹自己工作的職稱，職稱同時也是工作內容。更詳細具體描述這個工作：服務的幾間童裝設計公司，年度重點工作是兩次的服裝發表會，在台南總公司及位於台北、新竹、台中、台南的經銷商展示販售。還有公司在台灣各地百貨公司所有的專櫃，一年中有三到四次，櫃位需依換季、各重點節期，進行相應風格的陳列布置。

因為經常出差到各處，除台南本地；往南高雄、屏東；往北嘉義、台中、豐原、新竹，桃園及大台北區域；東部宜蘭、花蓮。因百貨公司據點，對台灣這些城市的市中心自己覺得都還算熟悉，但對於台灣各地又有陌生好奇的違和感受。

當時工作往返蠻常使用台鐵，會好奇車窗外丘陵山道的舊聚落古厝，列車經過或停靠很多陌生的城市小鎮，也總會想著車站外市街的樣貌，但太多只知其名而不熟悉的台灣城鄉。自己以大城市及知名觀光地為點，點對點以鐵道、公路連成的島國樣子，說認識嗎？當時是只知道各縣市在這島國的位置吧。

二十多年前，以機車用三天的時間環島過，那次跟即將入伍的高中學弟從台南出發。第一天基本上由台1線與台3線到台北；第二天取道北宜、蘇花公路到台東；第三天由南迴公路騎回台南。至今風景印象只有台東海岸，其他看了什麼，仔細想也是霧紗朦朧，每當聊起三天機車環島印象，就是一直催油門騎機車。

腳踏車這比徒步快，比油電交通工具慢，應該是慢很多的環島方式，很適合人們做為一個中間值的速度來認識台灣。在書籍、小說、紀實傳說裡，由文字圖片所知道的台灣，早年出差那列車經過、停靠的城市小鎮，都將於這次以腳踏車環島的旅途再次組建、補足，並重塑自己所知道的台灣。

所閱讀過的三本日本時代小說《台灣縱貫鐵道》、《南方移民村》、《陳夫人》，不只豐富環島路線的點，自己也親身遊歷在小說現存或曾經的場景中。日本時代構築的街道，如西螺老街、湖口老街，那時代文化相融體現在街道及店鋪住宅美學上，令人再次感動。當然多處日本時代的宿舍、公共建築時代的美感不在話下。史前原住民、荷蘭西班牙、東寧明鄭、清國、日本到戰後，這些時代的蹤跡，在知道與不知道間，重新以環島的行為，又一次串連出種種的微妙感。

但更深刻的是環島後的整理書寫，在回溯文獻及旅行回憶之中，才覺得自己又稍微知道了台灣及旅途中相關的小知識一些，自己也把稍微知道的一些，藉著紀實散文方式來書寫的這本《探尋島國印記：綿羊到福爾摩沙一號的旅行》以基督徒身分，來分享給讀者好友們交流。

旅程規劃從台南往北，是想把東岸太平洋及縱谷風景留給後段，而西部順著路線，進入鄉鎮小城，或舊地重遊、或初次體驗，懷舊及新鮮交互在西部平原丘陵的旅途中。這趟環島是上主賜給我人生的珍寶之一。

本書的出版感謝尖端出版社及總編輯周于殷、資深企劃編輯劉倩茹，多次協助校稿的白祐瑄老師，因著信仰感謝主基督耶穌的恩典。

目錄

Chapter 01

紅白相間的平把腳踏車

早坂犀牛

對於住在台南市中西區的人，想要進行腳踏車環島訓練的話，有條路線很適合：從台南車站出發，順北門路二段往台南公園方向，上開元路橋往東，沿台20線經新化、左鎮到玉井，來回約八十公里。到玉井的路線前段平坦、後段在通過左鎮菜寮溪之後，坡度起伏逐漸地明顯，可以好好鍛練肌耐力。

幾次騎上這條路線目的是運動，當下想著如果有一天要環島，這也順便是個訓練，一個人時而奮力、時而輕快地踩著踏板。在前往玉井的路上，疊合那二十四歲，三天騎機車環島的遙遠記憶，訓練歸訓練，至於哪一天可以騎腳踏車環島，臉上露出一絲「哪知道」的淺笑。

九月初的下午三點多，再度騎到台20線一帶的郊野丘陵，立秋氣溫依然如盛夏。過平和橋越過菜寮溪的不遠處，有個前次經過卻沒入內一探的菜寮化石館，那次將化石館當作順道參觀的休息點。

菜寮化石館是上層綠色平頂梯形，下層白色立方的兩層樓建築。室內展示空間看來不大，館內重點展示品為複製的早坂犀牛骨架，骨架真品收藏在台北的台灣博物館，這裡陳列的雖是複製品，但還原度相當高。關於早坂犀牛的發現，是開始於日本時代的陳春木。

一九三三年，在菜寮保甲事務所擔任書記的他，有天在菜寮溪挑水時看到一顆黑色的石頭，直覺告訴他這不是顆普通的石頭。在好奇心驅使下，他將石頭撿起來並在手裡反覆細細地看著，越看越覺得真的不一般，但他需要進一步確認。

陳春木帶著這顆黑色的石頭，請左鎮公學校的校長看看。瀨戶口校長仔細觀察後，認為這可能是一顆化石。校長對這個發現相當慎重，將石頭轉寄到台北帝國大學的地質學教室進行鑑定。

以此為契機，地質學教授早坂一郎當年秋天與學生來到左鎮菜寮調查，考察出菜寮溪河床有犀牛、大象等大型古生物的化石。時至戰後一九七一年，菜寮溪挖掘出古代犀牛完整的骨架，並命名為早坂犀牛，紀念早坂一郎最初的貢獻。

大量的古生物化石有犀牛、猛瑪象、劍齒象、古鹿等，為何會在菜寮溪河床被發現？原來是生活在歐亞大陸的動物們，在遙遠的冰河時期為了避寒，由台灣海峽因海水下降露出的路橋進入台灣。後來天氣回暖後海水回升，避寒來時的路橋也就被淹沒，而牠們便留在了台灣。為了生存，動物們展開遷徙的旅程，這是生存的本能所引導，就算之後留在台灣，動物們應該不會想要環島吧。

人類的確也會為了生存而展開旅程，但不同的是人類還會想環島，進行著跟生存沒有直接關係的旅程。這種旅程，呈現著一種非物質的需求，目的為何呢？腳踏車環島這種人類以原始的力量，輔以傳統機械動力，一圈一圈踩著輪子前進的事，似乎又沒那麼直面於亞里斯多德，那種對於形而上學裡，追尋生命意義的崇高性。

是因為有人做了所以跟著做？跟人們聊天時，可以說上一段不簡單的經歷？或是想看未曾見過的風景嗎？在潛游於思想的對答之海中，尋找著環島的目的及理由。

「啊！是願望吧！」

「那一天你跟自己說，有那麼一天你會騎上腳踏車，實實在在地，將孕育自己成長的島國，好好騎上一圈。」

伴著蟲鳴浪花的爵士樂

在菜寮化石館休息之後，是一段坡度起伏的體力活，多次騎著這一段路時，總會想著，連左鎮到玉井這種崎嶇路況都能往返騎完回到台南，環島應該是沒問題喔，流露出不知哪來的傻傻自信。通過後堀溪上的玉井橋，左邊噍吧哖公園那顆被托起的巨大紅澄芒果塑像，自然生成冰涼又沁心、甜美黃澄汁液的芒果冰想像。

玉井街道轉角邊的冰鋪，向晚時分就自己一個客人在店裡，直接點了名叫「芒果無雙」的冰品。一盤滿滿黃澄愛文切塊，堆砌在芒果雪綿冰上面，頂端一球芒果冰淇淋，周圍灑著青綠的情人果。這碗冰明明要自己付錢，卻有種拿到獎品的好心情，在酸甜透涼的爽快中，一口一口讓「無雙」空盤見底。

回程前造訪了外觀極簡大方，有中央方柱高塔的玉井教會。晚上七點多，高塔上的十字架泛著紅光，述說百多年前，來自英國蘇格蘭馬雅各醫生及甘為霖牧師，他們深入這附近山區的宣教腳蹤。教會在一九〇三年時設立於附近的三埔村，並經歷了那場日本時代動盪的噍吧哖事件，禮拜堂輾轉遷址於此，天色又更染了層深，一番的歷史沉浸中，看著十字架的光愈加透紅明亮。

「對了，現在都七點半了，我得從玉井夜騎四十公里趕回台南。」自己說著。

這次往返台南市區到玉井之後的幾年，以腳踏車作為運動選項之一。週間常會騎去位於歸仁沙崙的高鐵台南站，或者是茄萣的興達港，有時也會再騎去玉井，甚至往返近一百公里更遠的楠西。偶爾在晚風輕拂下，騎著腳踏車，望向道路北邊盡頭，心裡說，這條路一直騎就可以到台北了吧。

從台北轉往宜蘭、花蓮到台東，再從墾丁回台南，用一種城鄉作點對點的想像。腦海中環著似乎熟悉的台灣，一如小時候望著鐵道，想著只要沿著鐵道走就可以走到台北，然後繞上台灣一圈。想像的腳踏車環島也很天真，除了長時間負重運動的體力，沒有多作考慮中途得休息睡覺、吃飯喝水。

但，每次騎腳踏車運動時，那環島想像是一首即興的爵士樂，薩克斯風將音符吹奏如旋轉的舞者，她們飄動的長裙是一段迷人的滑音，沉穩持續發出邦、邦邦的低音提琴，搭著清脆的鼓邊銅鈸，音符舞者跳躍著，在鋼琴主調之間，在鋼琴手那靈活十指，穿插多變的過門舞步，優游明快地在樂器之間。有時，即興的爵士樂出現在路燈灑落的暈黃柏油路上，伴隨著鄉野的蟲鳴；有時在黃金海岸的公路旁，浪花交織的響聲裡。

時間點

十二月中的那天，台南天空是整片灰暈的雲，醫院病房緩緩流動著消毒漂白水的氣味，無奈看著父親及他那隻被護具綁帶固定的右腳踝。過了一會兒，肇事的年輕人也來到病房，稍微問候了父親。原本安靜的父親，這時指著他激動地用台語重覆說就是他害的，我隨即帶這位年輕人到外邊了解事發的經過。年輕人說他開轎車要倒車進路邊停車格時，一個沒注意，輾到父親的腳，之後立刻叫救護車送父親到醫院緊急治療。

長年自己一人照顧有特殊智能狀況的父親，他幾乎每天都外出在街上閒晃，基本上會回家吃飯睡覺，但有時會睡在路旁，這時就得半夜穿梭在市區找人。之前父親也出過車禍，每次都因他在表達上有些問題，相關責任不好處理。

兩週後，從醫院退房，父親先轉入一家安養中心。由於要等初判表，很多後續的事還不能處理。傍晚回到家裡，想著暫時不用擔心在安養中心的父親；另外，手頭的設計工作案也告一段落，一時間我凝視著放在一樓，用來運動的腳踏車，白熾燈光映照著紅白相間的腳踏車。

「環島吧。」

突如其來的想法，這心裡與自己的對話聲，回音像在山壑綠谷中響徹著。

紅白相間的平把腳踏車

一小段的緩升坡騎出巷口，通過馬路順著北門路二段往北騎，幾分鐘內便經過了台南車站，常年生活在此的熟悉街景，此時漫著一股如幻的氣息，心中說了好幾次「環島開始了。」台南公園整排的椰子樹、公園北路平交道，一一映入眼簾又倏忽地到了身後。

騎過開元路橋下，來到雙邊都是店住連棟大樓的馬路，再穿越曲折常民小巷後，接出公園路六甲頂一帶。小時候曾住在這附近自家的工廠小房，工廠是以阿公名字為名的吉祥機械工業。雖然廠房早已歇工拆除，想起幼年時在廠房庭院水池旁及椰子樹下，看著父親及一歲多小妹，畫面如泛黃褪色的照片，回想中騎在往新市的台1線上。

穿過永康交流道之後，一種離開台南要遠行的感覺，緩流於道路上的空氣中，大貨車、小貨車在左邊一輛再一輛疾駛而過，右邊是緊鄰著公路的鐵道，天空鋪滿了絮花般的卷層雲，有點涼爽的下午兩點。近新市車站前的路上，停下腳踏車，在高鐵高架軌道橋前，用手機拍了高架軌道橫跨台1線的照片，這是出發後的第一張照片。搭高鐵從台南到台北，不到兩小時就可以抵達了吧，但腳踏車要騎上三天，嗯，兩小時與三天，當下思量這個時間差，三天是想像，事實上還多了一天。

遠行騎的平把公路腳踏車，車身紅白相間700C，就是平常運動練習的這台。後方有尾燈的貨架，上面掛上裝滿物品的兩只黑色大馬鞍袋，上管裝了兩只黑色小馬鞍袋放電池、手機等物，一支鋁合金頭燈鎖在車把左側。車子有兩個水壺架，放了只裝滿水的水壺，另一個水壺架準備放運動飲料。雙肩背上的黑色大背包，裡面有盥洗用品、衣物、單眼相機、三本書，其中一本是聖經。因為是冬季，衣服多放了些，整車裝備應該有十公斤左右吧。

西拉雅的白蓮霧與搭貝

由台1線轉進新市，往今天預約的住宿點雲林西螺前進，稍看了手機地圖，決定取道兩點間較近的路段騎，基本上是台19線及周邊的道路。新市街道兩旁的路燈上，裝飾著一大一小擬人化的白蓮霧，微笑地坐在燈桿中間的懸臂招牌上，看著讓人跟著莞爾起來。

據說蓮霧是荷蘭人引進栽植的，新市特產的白蓮霧剛長的時候又澀又酸，隨著時間長大後，口感就加乘為酸酸澀澀又甜甜的滋味。而外皮稍微黃黃的，好像生鏽般、鳥兒啄過、有黑點的，當地人說這種白蓮霧最好吃。

除了白蓮霧，新市還有一項文化特產「新港文書」，在這裡早前稱為新港社的年代，由荷蘭東印度公司的傳教士所引進。他們以羅馬拼音為基礎，教西拉雅族新港社住民書寫自己的母語，是目前台灣最早有文字紀錄的語言。

禮拜堂
台湾基督長老教會
溪美教會

研究發現西拉雅語的文字內容中，有整本聖經的馬太福音、基督教義問答、新港文書，而新港文書又稱番仔契，是種土地租借契約。荷蘭人離開台灣後，接下來明鄭與清國時代，西拉雅語卻逐漸消失。直到英國蘇格蘭基督教長老會的宣教士來到台灣，西拉雅語重新被發現，日本時代的學者村上直次郎，將這類研究稱為「新港文書」。

荷蘭人為了傳教及教育，將西拉雅語以拼音文字書寫，使西拉雅族成為台灣島上第一個有自己語言文字的原住民。語言這種由單詞及文法，透過人們發出一連串聲音構成的訊息，一代傳給一代，傳述著族群與土地的故事。當一族的語言消失，也代表他們後世族人身分與故事的消失，之後只能讓別人來定義自己。

因西拉雅族長期深度漢化，西拉雅語在台灣消失了很長的一段時間，甚至被聯合國教科文組織列為滅絕語言，但在新化大目降萬氏家族獲得的機緣及努力，西拉雅語重新復育，這塊土地上再次有人說Tabe（搭貝）來互相問好。

古港月津的意麵攤

沿新市區自行車道通過南三舍，進入善化溪美已是下午三點多，路旁的溪美基督長老教會，三層樓高的赭紅面磚外牆，中間釉綠小瓷磚鋪面，中置白色大拉丁十字架。陽光照著教會，立面的顏色飽和耀眼，用手機記錄了旅途中第一張的教會照片。

通過橫跨曾文溪的麻善大橋進入麻豆，在市鎮裡的新加坡冰城休息，對這家吃過好幾次的店並不陌生，直接買了招牌三明治冰餅還有紅茶，坐在店外騎樓小桌吃。三明治冰餅是兩塊方形蘇打餅乾夾上冰淇淋方磚，餅的脆感加冰淇淋的綿甜，很有補足力氣跟暢快心情的效果，吃喝中順便看手機地圖，確認往鹽水的方向。

將冰餅一角咀嚼完畢、喝完紅茶，帶著小滿足騎向北方。前進鹽水時行經下營，路旁一大片稻秧豁然展開，環視著整齊的稻苗，一束束立在水田中，水田的地平線有一整片樹林，遠處座落一些廠房及屋舍，接連的是更遠更遠的白皚積雲，最後由廣袤湛藍天際來襯著。隨輪子的轉動，來到中營的叉路口，雙排的印度紫檀，枯啞枝幹連綿到柏油路盡頭，一幕冬季的北國情致在南國上演。

前進途中有一處乳牛棚，黑白相間的乳牛們在鐵柵欄中，不時有哞哞叫聲沉穩地迴響。一些牛隻頭伸出柵欄，吃著走道上成堆的乾草，也有牛隻呆呆地在原處站立，這一帶處處流露鄉間田野的舒活景致。下午五點〇三分，夕陽將層雲的天空，繪滿了橙金色的霞彩，再上了暈染漸層的藍，直達天的頂端。美麗的渲染只幾分鐘，很快的，夕陽沒入逆光草叢之中，天空轉暗的速度，隨車輪的轉動加速著。

鹽水也稱月津，是倒風內海的四大港之一。在「一府、二鹿、三艋舺、四月津」的俗諺裡，這個古鎮的過往繁華不難想像。當時鹽水不只是重要的貿易港口，也是嘉義至台灣府城的必經要道，因為港口地形像新月般微微彎曲，而有了月津港這典雅風騷的名字。但另一個說法是，來自清國漳州的唐山移民，因想念故鄉月港，所以將這相似於故鄉的港灣，稱為月津港。

日本時代因縱貫鐵路在新營設站，此一區域的行政中心由鹽水轉到新營，反倒讓這裡留下了些古韻。騎進鹽水的橋南老街，已是天色昏暗的下午六點多。順著這條兩旁多是閩南房舍的街道，過興隆橋右轉直行，看到日本瓦大屋頂及木造雨淋板的永成戲院時，嗯，今日的晚餐就是戲院旁

邊點心城的鹽水意麵！

在意麵店裡隨意挑了個位置坐，桌子的斜對面，有位看來約五十多歲，梳西裝頭的男人，穿著白色休閒襯衫，樣子看起來就像在八點檔台劇中，飾演公司主管的角色。兩人稍有距離各自用餐，他邊吃邊看了下我，又看了一旁裝備滿滿的腳踏車。

「你在環島嗎？」西裝頭男人直接問，但自己心中打定行程未繞過東北角之前，途中若有人這樣問起，都回答先往北騎。

「就先往北騎。」他沒接這個回答，卻逕自聊起約十多年前，曾與一群朋友騎腳踏車環島的事。

「那時，我們有五、六個人吧，好像中途有一個人身體不舒服，那次的環島騎到一半只好搭車回家。」

「你一個人騎嗎？」他好奇的問。

「是的。」我說。

「你知道意麵為什麼叫意麵嗎？」西裝頭男人開了這話題，我表示不知道。

「答案有不少說法，一種是麵條顏色像如意的顏色。又一種是清代一個姓伊的官員，是他家裡廚師發明的，於是就叫成了伊府麵，後來傳來台灣，伊府麵給念成了意麵。再來呢，是因為這種不加水只加雞蛋的麵，製作的人要花更大的力氣，發出噫——噫——的聲音擀麵，所以這種麵就叫意麵。」

「你覺得是哪一個說法呢，但是噫——噫——擀麵的說法很有趣吧。」我稍點頭認同回應。

「你在那之後還有環島嗎？」我接續環島的話題。

「沒了，年紀越來越大，體力不好。」他小揚嘴角笑著回答。

對話稍停了一下，彼此繼續安靜地吃著意麵，他先吃完，起身準備離開。

「加油！」西裝頭男人帶著禮貌微笑對我說。

吃完鹽水意麵後，在夜騎的路上想著，原本預計晚上十點到西螺，應該是不可能了。沒料到會騎這麼慢，因為大背包加上貨架兩側馬鞍袋，加總約十公斤多的裝備物品，車速變得很慢，體力是還好，雖膝蓋有繫上膝關節束帶保護，此時卻疼痛了起來，只能用中低速檔踩著前進。這才第一天！

查了Google地圖，確認這裡到西螺前的五、六個中繼點鄉鎮。手機地圖沒放大的話，各個中繼點看來是如此的近，全都好像一下子就可以到達。就算用拇指、食指將地圖道路放大，也無法呈現腳踏車在實際空間裡的移動，真實騎在道路上時，直接反映了地圖想像的落差感。

夜稻月圓小雲朵

通過橫跨急水溪的汫水港大橋，進入嘉義境內的鹿草。這裡就如台灣一般常見的農業小鎮。晚上八點多，亮著紅光十字架的福音站、泛黃路燈映照在比鄰連接的透天厝，路上相對明顯的，是如農會與鄉公所等等的偌大建築。

居民房舍的燈火靜靜亮著，再往前不遠處，卻傳來喧嘩聲，國小及活動中心的臨街廣場正辦著書展，望去全都是書的攤位，幾台胖卡廂型車也作為書攤。居民老少都群聚在這，賣東西的吆喝聲及音樂，透過麥克風、音箱此起彼落。

書籍、繪本、玩具被相連交綜的燈具照亮著，就是這小鎮知性的嘉年華。

通過書展歡愉的情境，熱鬧聲音隨路程在身後逐漸模糊消失，取代的是一六七縣道在暗夜中的林葉婆娑。這一段雖有路燈，周圍幾乎是漆黑農田與樹林。接上台37線，也是高鐵高架軌道橋旁的公路，就沿著向北直行。

「騎到高鐵嘉義站之前，不用一再確認道路。」有些許安心對自己說。

路上騎不下十幾分鐘，膝蓋時不時微微作痛，又強勁逆風吹襲，整個人需用更多力氣才能前進。雙腳沉重的踩著踏板，左方一座座高聳矗立的高鐵橋墩，架起長長的軌道橋，延伸到遙遠北方的盡頭。好幾次高鐵列車發出轟隆響聲，呼嘯高速往北，超越在橋下同樣往北，這位緩慢騎著腳踏車的我。那位古希臘哲學家芝諾所說，飛毛腿阿基里斯追不上烏龜的事，在這裡證明真是個悖論！

右方一片片稻作，一盞盞周圍小徑的路燈們，將暗夜水田映上或柔黃、或暈白的倒影。空氣中流動著寒意，強風不斷由北方吹來，心想都八點了還沒有通過嘉義，到西螺會是幾點？而且，西螺還是雲林北端的鄉鎮！

看著圓月將西邊的天空染了個藏青，疲憊的心境一瞬間被撫慰了，中途索性停下腳踏車。小片小片成群的雲朵，在月光嬌柔的照耀下，像薄紗般慢舞在夜風的高空之中，此刻我稍讓自己沐於月光，享受幾分鐘夜稻月圓的寧靜。

八點二十六分抵達位於太保的高鐵嘉義站，看著這個與高鐵台南站相似的車站，感覺到自己一臉的呆滯，鎖好腳踏車後，進入站內緩緩地走去廁所，再走到一旁的摩斯漢堡。

「請問要內用還是外帶？」臨櫃的女店員，以受過員工訓練的親切口吻問。

「內用。」

「請問要點什麼呢？」

「燒肉珍珠堡、和風雞腿、中杯紅茶去冰。」此時只想一次補足體力。

「燒肉是牛肉的可以嗎？」

「可以。」想不到不可以的理由，直接回答。

店裡放著聖詩輕音樂，食物、飲料加上黃光柔亮的空間，自己像旅行於沙漠中的人，片刻小憩在有海棗樹的綠洲。

用餐後，整理一下膝關節束帶，雙腳膝蓋疼痛依然。想起教會裡人稱蔡阿貝的弟兄，有次聊到他環島的事，說到車褲很重要一定要穿，還有他第一天騎就膝蓋痛，而且從高雄市區騎到路竹時就想要折返了。我不想折返，但有另一個考慮，是不是要就近繞到民雄住一晚。我想應該要打一下電話，告知訂好床位的西螺背包客棧，說明原先計畫九點到，但現在最快也要十一點才能抵達的情況。

「幾點到都沒關係喔，房間鑰匙用塑膠袋包著放在桌上，你可以自己上二樓。」手機另一端的小姐，對於這種情況，似乎相當有經驗的回答。

既然如此，還是照原定規劃前進吧，這時心想就算剛剛說十一點，也不太有把握在這時間之內能到的了。車站外氣溫似又更低了些，冷颼的風襲著臉龐，解開車鎖開啟頭燈、尾燈，幾十公尺外一輛高鐵接駁公車，在等著準備上車的人們。

「真想一起搭上，但腳踏車不能上公車吧。」自己無奈地笑了一下。

老虎尾巴虎尾壠

繼續緩騎在嘉義站旁高鐵下的公路，沿線岔出往新港方向，抵達新港的安北路，也是一四五甲縣道，順行通過北港溪上的崙子橋，挺進雲林的南端鄉鎮元長！

關於恐懼心理的研究，黑暗情境可以直接代入討論。恐懼本質之一是對未來、未知事物的不確定感，同時恐懼也是人類本能的防禦機制。這種情緒發生後，為使精神集中，大腦釋放多巴胺類物質，眼睛自然張大，接收更多光源，以立即判斷周圍狀況。而且腎上腺素大量釋放，身體肌肉供血量增大，以應對逃跑或抵抗情況，整個生理進入緊急狀況，而接下來是有段關於恐懼心理的小插曲。

在元長途中因路況不熟悉，經過圳道的小橋後，騎入以為是近路，卻沒有路燈的產業道路，只有腳踏車頭燈及月亮微光，照著漆黑的農田小徑。恐懼不安像沙漏的沙子隨時間堆積，林間黝暗之處，斷斷續續傳來吱吱、喀喀，不知名的蟲鳴鳥叫聲。

想說小徑應可以接上大馬路，一會兒有個男人騎機車從後邊超過我，機車紅色的尾燈漸小，一個右轉消失而去。幾分鐘內的種種都令人心生恐懼，感受自己眼睛張大、而且肌力倍增地踩快車輪，直至堤岸的T形路口。思考該向左還是右，謹慎再查看手機地圖，迅速決定原路折返。用比之前更快的速度騎回圳道小橋邊，重新回到原路繼續向北騎，這時心情才稍微放鬆。

看到左邊隔著農田，稍遠處的高鐵高架軌道與這條道路平行，城鄉燈火點綴其間，路燈的間距有點遠，更加注意路面的情況，想著別再騎錯路，可不想再來一次闇夜中的迷路，然後踩著沉甸踏板心裡自問到西螺還要騎多久？

昏暗的土庫圓環岔出多條道路，找著通往虎尾的光明路，頓時眼前多了不同顏色的光源。一台警車閃爍紅藍頂燈，緩速地開進圓環，感覺到員警的目光，似乎在車內端詳這個騎著腳踏車的男人，車上還大包小包在半夜十一點多的庄下看路。之後警車往另一個方向去繼續他們的巡邏工作，閃爍頂燈慢慢沒入暈黃暗夜的道路裡，我順著路牌上標示著虎尾的方向騎去。

虎尾讓人直接聯想到老虎的尾巴，這也讓國姓爺鄭成功多了一則武功高強的故事。傳說諸羅嘉義北邊的大林有隻兇猛的老虎，常常傷害居民及旅客，當地以為老虎是隻大貓，央請趕走荷蘭人的鄭成功來救助。鄭氏二話不說，隨即踏上打虎的旅程，與老虎對上的互打之地，後人取名打貓，也就是今日的民雄。老虎打不過國姓爺，往北逃到一處沙崙上，但鄭成功隨後追上砍掉尾巴，老虎卻逃走躲起來，之後虎患不再，而此地便以虎尾為名。

可是換個角度，依故事內容，對打之地取名打虎，砍尾巴之地叫貓尾應該也是可以呢。回到較接近史實的說法，虎尾在荷蘭時期是平埔族虎尾壠社，虎尾壠也稱華武壠，是荷蘭檔案文獻中Favorlang一詞的中文譯名。荷蘭人與虎尾壠社為了捕鹿獵場問題，打了幾場戰役後，終於收服虎尾壠社，將這個地區納入荷蘭東印度公司的統治。

騎到虎尾市中心，經過一家燈火通明的早餐店，點了饅頭、豆漿打起精神地吃上這一餐宵夜。雖十二點多，店裡倒熱鬧不減，熱氣騰騰的豆香、雜糧食物氣味，混著人們的說話聲。有學生、情侶、大人帶著小孩，這裡的宵夜氣氛嘈雜既祥和。吃完後跨上腳踏車繼續騎，街道比剛剛那段安靜許多。

午夜時分，有著五層高塔的虎尾合同廳舍，安靜矗立於街道。通過之後，高塔在後方漸漸隱在深夜街肆的建築物裡，費勁踩著踏板，穿越鄉間漆黑的路樹隧道，繼續趕往今日的目的地西螺。

午夜的古書店

凌晨一點三十分騎到西螺老街上，來回穿梭在上個世紀初的街道老屋中，找著預訂住宿的地方，延平街81號，西螺背包客棧。

「啊！就是一樓日光燈還開著的這間！」剛剛其實有經過，招牌是西螺老街圖書館，二樓才是背包客棧。

緩緩推開滑軌玻璃木門，方形空間兩側有開放式書櫃，高約三公尺，橫架上擺滿了書，中間擺了些木頭玻璃櫃，展示動物造形的木頭創作。一旁木製小圓桌上放了塑膠夾鏈袋，袋子外面寫有連絡電話、歡迎入住等等的文字，這是訂房小姐說的東西，夾鏈袋裡放有一把鑰匙。

古早年代感的扶手木梯，緊貼後邊牆壁，沿牆角呈L狀，接連木製天花板到二樓，木梯旁有門，外面是天井小院。整個書店有種世界角落般的安靜，架上的書本們與我一同在異漾空間的夜晚。將停於騎樓的腳踏車牽入店內後，隨意瀏覽起架上的書，途中的疲憊不知消失到哪去了。

「很妙的空間，很妙的時間啊。」翻著書自己言語著。

走上發出喀喀聲響的扶手木梯到二樓，用夾鍊袋裡那把鑰匙，開了盡頭的門，一盞微弱黃光夜燈，微微照著廊道，左邊是牆壁，最裡面有間房，右邊是兩間和室，看起來共三間房。不知道哪一間是預訂的房間，就輕聲先開了透著泛黃燈光，拉開客家紅花布為障子布的木門和室，見有個人裹上厚棉被鋪地熟睡，小聲闔上拉門。

走到最裡這間，轉動一下喇叭鎖，是鎖住的。轉身時，房門突然開啟，一位微胖約二十來歲的年輕人，說被轉動鎖的聲音吵醒，跟我表示這間是他在住，兩人正對話時，和室那個裹棉被的人也出來了，原來是位大姊，微胖年輕人隨即關門，喀的一聲上了喇叭鎖。

「這幾間都有人住嗎？」問了一下大姊。

她說都有住人，接著問要不要跟她睡一間，我苦笑了一下，接著看另一間和室的情況，整個可睡十來人的大通鋪只睡一人，開燈時，住這間的高瘦男生被亮醒了。

「你怎麼這麼晚入住？」他揉了下眼睛問，我又一次苦笑了下，然後說待會兒要整理物品及洗澡，還會亮燈請他見諒。隔壁大姊精神特好，來房裡跟我們聊天，講述起西螺及自身家族的歷史，我邊整理邊稍微聽著，高瘦男生約十分鐘後，終於鼓起勇氣禮貌地對大姊說他要睡了。

在一樓天井小院旁的浴室，大姊在浴室外廚房裝水，熱心跟我說蓮蓬頭要轉好方向，不然會噴溼衣物。半夜冷風陣陣的天井小浴室裡，沖澡的熱水有點小。洗澡後在房間小桌整理日帳、筆記並讀了一段聖經的箴言。高瘦男生又醒來，應該是好奇吧，兩人睡前小聊，說自己昨天從鹿港騎機車來西螺，覺得騎很久，之後一聽我是從台南騎腳踏車過來的。

「我沒辦法吧，騎機車就很累了。」他瞇著眼說。

騎腳踏車出發的綿羊

整理好後，關了和室的燈，鑽進睡袋中，回想這第一天的路程，台南、新市、善化、麻豆、鹽水、鹿草、太保、新港、元長、土庫、虎尾、西螺，午夜凌晨三點時分便迎來濃濃睡意，在西螺老街的古書店二樓。

我好像夢到有台腳踏車的一隻綿羊，綿羊與我在草原上望著繁星銀河的夜空。夜空的一隅有顆人造衛星，夢裡我知道那是福爾摩沙一號衛星。綿羊說想要騎腳踏車繞過衛星，再騎回居住的草原。

之後，我們一起凝視夜空，一會兒綿羊跨上了腳踏車，騎向六百公里遠的衛星前進。綿羊，你這一趟來回是一千兩百公里，有座島嶼騎上一圈也是相同的距離，那座島嶼名字是福爾摩沙。夢裡我跟出發的綿羊說。

台74甲的夕陽到都市銀河

Chapter 02

茶莊洋樓

十點多醒來，坐起環視了一下周圍，這間不同於夜晚的和室大通鋪，窗外照進的光線，讓通鋪灑滿了柔亮。同宿的高瘦男生已不在房內，被子摺成方豆腐狀，規矩地放在角落，他昨晚睡的位置有一個紙糊的木製屏風，上面似乎有文字圖像。就近一看，屏風上有般若波羅蜜多心經及半身觀音，而我睡的地方在屏風對面，是遠在另一側靠近小陽台的通鋪。

將昨晚晾在小陽台的衣物、毛巾收進來，整理好背包行李後，走下扶手木梯到一樓書店，木梯一樣發出嘎嘎聲響。白天光線裡漫著小灰塵，緩慢地游移到書架上的書本，不同於夜晚的安靜，書店上午的安靜多了點活力。踩上腳踏車，街道天際一整個無雲的碧藍，決定在啟程之前，小逛這條起造於日本時代的昭和老街。

首先去找管理背包客棧的螺陽文教基金會，交還鑰匙及支付住宿費用。基金會位於老街的一棟雙併洋樓內，洋樓原為許氏的捷發乾記茶莊，現今除基金會的辦公室外，也作為延平老街文化館。處理完住宿的事，問了基金會的小姐這棟茶莊宅邸可以參觀嗎？

「沒問題喔！」小姐右手托了一下鏡架。

洋樓相當縱深，金煦陽光灑落在華麗洗石子裝飾及欄杆，裡頭天井處有樓梯可以上到三樓的口字迴廊。洋風柱子陣列在廊道中，門廳上的黑木匾有金字「瑤林衍派」，上方一堵半圓形的山牆，許字姓氏在山牆中央。堂號瑤林衍派可追溯到唐代末期許愛，當時因兵變戰亂，許愛率一族進入閩地福建，成為當地許氏的先祖。

捷發乾記茶莊的當家許金，從堂號推測應該是來自福建許姓族人的聚居處泉州晉江龍湖鎮的石龜村。清末，他因父親被舉報參與孫文革命運動，許金怕受牽連渡海來台，投靠許捷發號親戚，台灣此時也進入日本時代，許金逐漸在此地因製茶事業而昌大。看著許氏山牆兩旁的花草及奇獸浮雕，牆頂端站一隻泥塑的白色老鷹，在澄藍的天空展翅，不禁讓人想起這位茶莊當家，他曲折境遇來台而發達的故事。

走出茶莊，環視兩旁的老街屋，幾乎是日本時代那場中部大震災後改建的，老街屋的建築風格是一九三五年後，當時所流行的Art DECO，這又稱藝術裝飾風格，Art DECO語彙源自於一九二五年，在法國巴黎舉辦的「巴黎國際現代化工業裝飾藝術展覽會」，使用幾何元素來變化及裝飾是其風格特色。

從街上醒目的鐘樓地標金玉成商號、以近似臼齒外形作為陽台的螺溪齒科、尖拱雨庇的龍泉商行等等，這條街道上的建築群，都可以看到當時的西螺著實跟上了世界潮流。

某個次元裡的老戲院

說起醬油，雖然是這個小鎮的名產，但可當不了早餐呢，接著騎往不遠的東菜市看看有什麼可以吃的。牽著車走在市場的木桁架廊下，有少婦帶著孩子及三兩觀光客閒逛，安靜市場的週三上午十點多。逛著攤位店鋪瞥見通廊右側，一間沒有店號的碗粿攤，跟自己說早餐就在這裡吃吧。向老闆娘點了碗粿及菜頭湯，端上來的是白碗粿，上面淋上濃稠的醬汁，還有些許鹹菜脯。

「我們的醬汁是特別製作，你吃看看！」老闆娘面帶自信說，之後介紹起自己叫阿敏，我吃著碗粿邊隨意聊了一會兒，我說自己是從台南來的。

「我也住過南部一陣子，全款南部人，碗粿菜頭湯這頓請你吃啦！」是啊，這就是傳說中台灣南部人的熱情，我知道的因為我是台南人。

「不要啦，這樣拍謝，我付錢。」

「不用啦！請你吃！」

「請收下吧！」我堅持地說。

「厚，好啦，謝謝啦！」老闆娘勉強收下，一來一往的把錢付了。

吃完後想起市場附近有間西螺戲院的事，問老闆娘戲院在哪？

「在市場後面那條路，去很近！」老闆娘手指著她說所的方向說。真的是很近，距離不到一百公尺。

眼前的西螺戲院，如一個久遠的存在而荒廢著。淺綠曼妙的流線形山牆，有四個長方形開窗，開窗上的對稱渦形浮雕裝飾，立面調和著動感與平衡。一樓大跨距的露台騎樓，西螺戲院四字浮雕嵌於露台外的方框中。

戲院兩旁竄出榕樹枝幹，一欉欉的青綠樹葉，多年累積灰黑水痕在斑駁破損的外牆，即使如此歷歷滄桑，仍掩蓋不了這戲院所散發出的近代華麗。正面入口的鐵製剪刀門緊緊關著，走到另一邊，發現有個被雜樹葉幹遮住的通道，水泥階梯拾階而上，縮著身子又注意腳下情況，踏上層層台階，進入了放映廳。

光線柔柔地從破損的大屋頂進入，緩緩穿過大跨距的木桁架，再斜照在舞台前方，柔光中游移著細細的灰塵。觀眾席有一樓及夾層，幾百張矩陣排列的褪色木製座椅，椅背及坐板幾乎損朽變形，勉強依附在座椅扶手鐵件支架似的。椅子不要說坐，連晃動一下，似乎馬上會「啪」一聲直接析離分崩。

走過座椅間的走道，接近多處塌損的木板舞台，垂掛於舞台後方牆壁，是一塊殘破的白色大布幕，靜靜地看著這塊大布幕，曾經從放映機上轉動的膠卷，映上了什麼電影呢？

座椅上的人們，在一輪又一輪的影片，他們的感動、歡笑溼潤了眼角的淚滴，甚至因無聊打起哈欠，在片格光影的轉動中沉睡，又或許認真於看不懂的分鏡畫面，還有情侶暗暗牽起小手，又怦然心跳的曖昧。這一切曾發生的時空活動，全鎖進這像某個次元軸線上的放映廳。

走出西螺戲院的放映廳，有點從異世界回到現實的感覺，時間也過了中午十二點，該準備離開這個Art DECO風情的小鎮。

一九五二年聖誕節開通的眞紅長橋

看著見不到盡頭的西螺大橋，「我要離開台南州了！」心中出現日本時代一九二〇年，日本大正九年台灣行政區域的劃分，雲林、嘉義、台南那時全在台南州範圍，「這樣來說才剛要離開台南呢！」站起身子颯爽地騎進了橋梁，濁水溪的水量不大，河川的腹地夾著農田及灌木叢，東面稍遠處可以看到平行的溪州大橋，騎馳在紅色桁架的鋼鐵隧道，光影交映於橋梁道路上。

發源於合歡山佐久間鞍部的濁水溪，是台灣的第一長河，關於溪水為何混濁先民有多則傳說，其中有兩則動物系的廣為流傳。一則說是有隻巨大的鱸鰻，在溪流源頭三不五時攪動河水使然；另一則的地點也是在溪流源頭，據說那裡有一隻金泥鰍與一隻金鴨，金鴨在溪水中要捕捉金泥鰍，金泥鰍鑽進泥沙中躲藏，河水因此被弄混濁了。傳說雖生動有趣，但現實中所面對的是溪河氾濫及交通不便，之後西螺大橋的誕生，是這條河流值得傳述的故事。

時間往前推至日本時代，當時濁水溪兩岸的交通，除了縱貫鐵道之外，再不然就是竹筏渡溪，一直未有汽車、行人可通行的公路橋梁。日本時代後期一九四一年，在民間與官方合作下，建成了三十座橋墩及兩座橋台，但那時卻因二戰將建橋的鋼材挪為他用，橋墩及橋台在滾滾濁水與政權更迭中迎來了一九五〇年。

李應鏜這位生於日本時代的台灣人，帶著一份將大橋完工的使命感，這一年的二月，他透過蔣緯國與蔣介石會面，提出了續建大橋的構想，在獲得支持後，由政府爭取到美援。很快的美國總統杜魯門批准了這項援助，美國國會通過了續建案，之後美國國務院將一百三十萬美元直接匯入李應鏜戶頭，續建工程因而展開。

一九五二年十二月二十五日，聖誕節這天西螺大橋竣工，三十一座橋孔桁架、三十座橋墩及兩座橋台，完美結合成橋梁。經歷了戰前到戰後，不同國家與人民先後的努力，在巨大的鱸鰻，或者是金泥鰍與金鴨弄濁的溪流上，完成了長一九三九・〇三公尺、寬七・三二公尺，當時遠東及台灣第一，世界第二的公路長橋。

穿梭著一座又一座的紅色華倫式穿式鋼桁架，從騎進橋梁約十幾分鐘後，看到不遠處出口枝葉繁茂的夾道綠樹，加速騎出最後一個鋼桁架時，下午一點五十分整，通過這座真紅長橋跨越了濁水溪。順帶一提西螺大橋完成時因國防需求，原本是灰藍色後再改漆成綠色，漆成紅色則是一九九三年的事。

「來到中台灣了呢！」我感受到自己的微笑。

下橋後，在路樹微光照耀的綠色隧道裡，伴著踏實的喜悅感進入彰化溪州。

棕黃長髮的香港少年仔

騎腳踏車的車友有三種：

第一種是車隊朋友：跟自己有一定程度認識的人，基本上行程

從開始到結束都一起騎。

第二種是偶遇打氣：雖互不認識，路途上看到奮力踩著腳踏車的彼此，喊聲「加油」，之後各自照騎車的速度快慢，繼續自己的行程。

第三種是偶遇同騎：一樣喊聲「加油」後，這個素不相識的人跟著自己，一起騎上一段路程。

溪州水尾村的綠樹公路旁，騎經一處洋風廊柱的三合院，白色屋身與赭紅屋瓦，搭著碧藍天空，層疊的綠白紅藍，這裡安靜地只有午間的微聲暖風。今天預定是要到達苗栗市，只是膝蓋仍微微疼痛，比起昨晚雖然稍微好了些，但疼痛還是有的，會不會騎不下去？心裡擔憂著卻仍使勁踩動。

沒多久，右後方來了輛紅白相間的彎把腳踏車，看來是台不錯的腳踏車，一名少年仔戴著黑色車帽，染了頭長至頸部的棕黃頭髮，著紅色防風外套、黑色車褲及腿套等，配備齊全，身上只有一個繫繩小背包。他接近與我並騎，兩人互相點頭示意。

「加油！」我微笑說。

少年仔騎得有點慢，我之後稍加快速度，但他立刻加速跟上並騎。

「是要軋車嗎？」我沒有這個想法，於是放慢速度讓他先行，他也放慢繼續保持著並騎。

「我可以跟你一起騎嗎？」少年仔以港式口音的北京話跟我說。

「喔，好啊。」想了兩、三秒後回答，但心裡其實是想一個人騎。

「你在環島嗎？」他問。

「你從哪騎過來？有通過一座紅色的橋梁嗎？」我直接問。

少年仔說沒有，接著說自己昨晚住民雄，今早沿台1線過來，看來他是由溪州大橋騎過來的。

「你要跟我騎沒關係，但我騎的速度不快，而且會常常停下來拍照。」淡淡說明了一下。

「沒關係，因為我有點感冒頭痛，也騎不快，希望路上有人照料。」原來這是跟我並騎的原因。

「可能是前天騎台南七股路段時，被風吹到的樣子。」他這時略顯疲憊。

「台南七股靠海，這季節風又大又冷！」自己以台南當地人的經驗說。

「你從哪裡出發？是在環島嗎？」我接著問。

「新竹。」少年仔想了一下回答，當下我腦中立刻描繪出台灣各縣市位置。

「新竹出發，你不就快環完了！？」

少年仔說是的，預定後天可以到新竹完成環島。之後，還要重騎新竹到台北這一段。

「你知道嗎，到新竹後腳踏車可以帶上區間電車，直接到台北。」但他堅持要重騎新竹到台北。

「忘了問，你是香港人嗎？叫什麼名字？幾歲呢？」

「是的，大哥，我是香港人，叫蓋瑞，二十二歲。」用一樣拗口的港式北京話說著，但蓋瑞途中一直以大哥稱呼我。

這樣，一個膝蓋痛的台灣人，一個感冒頭痛的香港人，兩人互為第三種偶遇同騎的車友，緩慢前進在彰化的台1線。

陳氏大厝餘三館

騎一小段路看見不遠處有間7-11。

「在這裡休息一下吧！」我提議，蓋瑞點頭表示沒問題。

我買了微波小香腸、鋁箔包奶茶，蓋瑞買了波蘿麵包及瓶裝綠茶，在店內落地窗的座位上，邊吃邊討論接下來的行程。原本今天預定要到苗栗夜宿，看我們兩人各自的情況，騎到苗栗是不可能了，但雙方又都想趕行程。

「先以騎到台中豐原為目標，如何？」蓋瑞聽了，覺得先照這規劃也行。他接著看著我正吃的微波小香腸，跟我聊起逢甲夜市的大腸包小腸，希望經過台中一定要嘗嘗！並問我有沒有吃過。

「有啊！」吃過的我，瞇著眼笑答「可以吃吃看。」

「還有章魚燒，也是一定要吃！」他精神奕奕的說，之後又講到各地路途中的食物，突然覺得說著台灣小吃的蓋瑞，看不出是個感冒頭痛的人。

兩人沿台1線通過北斗到了永靖，路上告訴蓋瑞，要順道去永靖的著名老宅第，陳氏一族的「餘三館」。

陳氏先祖陳智可於十八世紀初清國康熙時代，由廣東潮州渡海至台灣淡水開墾，當時適逢台灣中部的八堡二圳開通，吸引眾多閩粵移民前來，而陳氏也由淡水遷徙至湳港西庄定居開墾。陳氏一族逐漸累積財富成為當地的巨賈，這個地區後來在嘉慶年間改名為永靖，居民期待在移居開墾過程中，有多次閩粵族群械鬥之地能夠永久平靖。

民變戴潮春事件的發生，是陳氏重要發展的契機，十五世祖陳義方協助清軍平亂，獲得五品軍功，再通過納捐得到「成均進士」（即貢生）的功名。陳氏一族不僅有財富再加上官名祿位，陳義方的兒子陳有光、陳成渥兄弟合力以七年時間建造「餘三館」，一八九一年迎來合院大厝的落成。

一八九一年是辛卯年，陳氏一族在這棟意喻多福、多壽、多子的餘三館展開了新大厝的生活。三年後的甲午年爆發了日清戰爭，清國戰敗將台灣割讓於日本，隔年的乙未年日本征台戰爭中，司令官也是皇族的北白川宮能久親王準備渡濁水溪之前，入宿了這棟建成不久的大厝，餘三館跟台灣歷史而有了較深刻的連結。

紅磚馬背的三開間門樓上放置了「餘三館」的木匾，木製大門緊閉著，蓋瑞的臉湊近門樓旁外牆的釉綠花磚，想從空隙窺看大宅的樣子，我看見一位長者從大宅的一旁走出來。

「請問，您是宅第的主人嗎？我們可以參觀一下嗎？」

「是喔，我是陳家後代，看一下沒關係，自己隨意。」長者微笑的說並走回自己一旁的住屋。

其實我之前就來訪過，蓋瑞則興奮的用手機拍著合院四處的景色，大廳前的四角燕尾脊軒亭，是餘三館建築的一大特色。黑色木柱的金色雀替，分別是敖魚與鳳凰，搭著吊筒及垂花，各個構件皆雕工精緻。大廳名為創垂堂上方有貢元木匾，合院兩側護龍屋，分別有歷山、雷澤木匾。因陳姓可追溯到舜，陳氏先人以此勉勵一族學習舜「耕歷山、漁雷澤」勤奮助人的生活。

餘三館門樓前的半月池旁有塊大石碑，上面鐫刻「北白川宮能久親王御遺蹟碑」，蓋瑞好奇問這塊石碑立於此的緣由。

「這是一個日本的皇族，當年日本攻打台灣時，他曾經借住餘三館。」簡單說明了一下。

「喔，是這樣啊！」他看著石碑微皺眉頭答話。

山葉號富士霸王自行車

特地繞進員林市區，想找一間傳說中的老車行。距離車站前不遠的中山路上，五角形山牆上有窗戶的三連棟街屋，騎樓廊道還裝飾拱心石，雖招牌鐵架遮蔽局部外觀，但還是散發著老建築的別緻。再稍往前，有棟兩開間、棕黃面磚的兩層樓店鋪街屋，立面開窗有大面鐵花窗，鐵花窗中有商標圖樣，是富士山及山葉號的意象，商店店號為「山葉號自行車」，要看的老車行就是這間！

戰後初期，山葉號富士霸王自行車，是這間店的招牌商品。店鋪的鐵製剪刀門緊閉，這裡已經沒有賣腳踏車了。說起車店第一代葉贊，原來是油條店的學徒，他賣油條沒幾年便轉經營自行車，創台灣品牌「山葉號自行車」。在第一代的基礎下，第二代葉松根創立羽田機械，開始生產機車及汽機車相關零件，之後開辦大葉大學，還跨足百貨業成

立大葉高島屋。看著一個企業家族勃發的起點，山葉號自行車的老舖在員林街上，靜靜地述說從油條開始的商業故事。

蓋瑞跟著我拍著一棟棟的街屋。

「如果沒遇見你，我應該只會一直騎車，不會看見台灣這些街道風景。」他興奮邊拍邊說。因為還得趕路，拍了山葉號自行車後，我們隨即往台中方向前進。

回到台1線的路上，鐵皮屋頂廠房、汽車營業所或修護廠等，風景不斷重覆著。進到花壇，忽然看到公路旁一個紅藍色塑膠傘棚的攤子，白底看板用紅色粗圓體寫著米腸、香腸，棚內有白鐵仔工作台及烤爐。跟蓋瑞說這邊停一下，要請他吃大腸包小腸。

穿白紅配色背心著長衣褲的老闆娘，熟練地將米腸烤的香脆，再切開放入烤好的香腸，擠入醬油膏再加點辣包好。我們一人一份在公路旁站著吃，大腸的米飯與香腸中的五花肉，在齒間華麗的跳著舞，舞步裡有微微辛辣及蒜香清脆，啊——感受到老闆娘對這份點心的自信老練，真心覺得好吃。

「這攤的大腸包小腸味道不輸逢甲夜市喔！」我滿意的說。

「是好吃，但我是想嘗嘗逢甲夜市的大腸包小腸。」

我想像蓋瑞在連結網路的螢幕，看上許多逢甲夜市的美食照及介紹文，腦中不斷地放大食物的滋味，他必須用自己舌頭味蕾來滿足吧。

吃點心的空檔時，看手機地圖研究接下來的路線，考慮與其由彰化市中心進入台中，路線是前方繞幾近半圓大弧的道路，倒不如在前方右轉，取路線較直的台74甲線公路，可從烏日進台中市中心。跟蓋瑞討論後，雖然他原先規劃是經由彰化進台中這一條路，但我提的方案應可較快抵達台中，兩人決定騎進台74甲線。

台74甲的上下坡

公路上立著綠底白字的路牌，箭頭標示前方往快官及台中，速限是70，我們腳踏車應不會超速。公路為雙邊六線道，分隔島有種樹，高出柏油路面的紅磚人行道在兩側，兩側的景色是鐵皮廠房與農地，遠處是販厝小透天及樹木綠欉，視野寬闊。

「騎這條路是對的，風景還不錯！」看著道路遠方的翠綠丘陵心境愉悅。

過了某個路口，兩旁的風景轉為密集的樹林，赫然一見前方一個急陡上坡，騎一段路後從坐騎變成站騎才能應付上坡情況。路面坡度仍繼續緩升，看一下後面的蓋瑞已經是牽車的模式，繼續站著使勁騎了一會兒，我也下車用牽的走。路旁遠方盡是丘陵，多處的山壑綠谷，景色雖好，但兩人牽車步行在上坡路段，心裡對蓋瑞很不好意思。

走走騎騎約十多分鐘，我們到了上坡的高處，往西邊一看，兩旁暗綠樹林與

道路呈V字形，圓澄夕陽的金黃色餘光在晚霞天際中，映照著這條陡坡公路，剛剛還有幾分後悔騎了這條路，這時反而感覺值得了！不騎上這麼高的一段路，怎能在此刻得見美麗的夕照呢！蓋瑞隨後跟上，兩人用手機拍下這夕陽餘映。

「這一段雖然陡，但是宜蘭到花蓮有一段，比這裡難騎好幾倍。」蓋瑞回憶說。回想十幾年前騎機車環島時的印象，當下以為他說的是清水斷崖，後來才知是更陡、更難騎，從蘇澳到和平段的蘇花公路！

隨夕陽落下，天色漸漸暗了，路邊有塊大石頭，鐫刻幾個紅色大字：參山國家風景區。其實這裡指的參山，是中部的獅頭山、梨山、八卦山，範圍涵蓋新竹、苗栗、南投、彰化等縣市的跨區域風景區，騎上的這一區是八卦山。過了大石頭，天更暗了，公路上的燈亮起，路上往來的車輛也都開啟車燈。

騎至一處的高點時，台中市的夜景在眼前豁然展開，遠方的街燈像潔白無瑕的珍珠串鍊，交叉整齊的排列著，建築物的燈火，如綴於夜空的銀河繁星，隔著大肚溪的烏日，圓月此時在東方伴著點點小星，又將天際上了藏青色。

停紅燈時，問了身旁往台中方向的機車騎士，前方還有上坡路嗎？

「沒有喔，一路下坡到烏日。」機車騎士回答後，我與蓋瑞對笑了一下，綠燈亮起繼續往前騎。路段果然如機車騎士所說，是下坡路，而且不用踩踏板就能順著前進，速度之快還得注意剎車。在整個夜中迎風的暢快感，我們兩人通過快速道路旁側邊的橋梁，越過大肚溪進入了台中烏日。

在烏日新興路旁的水果店買了香蕉，並到不遠處的麥當勞吃點東西稍作休息，討論要繼續騎往豐原或夜宿台中。考慮兩人身體狀況，一個人膝蓋仍微微疼痛，一個人還微有感冒症狀，還是決定夜宿台中市區一晚，明天以新竹為目標。蓋瑞將背包中的台灣地圖攤開在桌上，我們用手機網路找住宿點，找到一間叫台中背包築的民宿，他們有兩間店，台中一中及逢甲夜市附近，都有床位。

「那我們就住逢甲夜市那一間吧！」蓋瑞突然有精神的說，我似乎聽到他心裡接著說，耶！可以吃到逢甲夜市裡的大腸包小腸跟章魚燒了！

離開麥當勞後，沿著烏日中山路，轉進台中市區的文心路，道路旁正進行台中捷運的工程，這一段不知道是體力的關係，亦或是車流繁忙、多處停紅燈秒數過長等因素，總覺得踩得有點久。接上台灣大道左轉，找到位於杏林路的台中背包棧，當下都快要八點了。

逢甲夜市裡的各自開吃閒晃

這間民宿是間兩層小透天的巷內老屋，對面的咖啡吧透著黃光，有一些年輕男女聚集。跟我們連繫的小管家，是位著白襯衫牛仔褲的清秀男孩，將腳踏車放到院子鎖好後，他帶我們入內說明相關設施，一樓是交誼廳與廚房，住宿在二樓的一個大房間，有幾座上下床鋪，又講了些注意事項。

「空間的使用，請兩位隨意喔——」尾音拉足文青調的長音。

我在其中一個下鋪，將大背包中的盥洗用品、衣物、相機及書本、筆記等，依序拿出，擺在白織布的床墊上，有點疲憊的整理著，同時心中想著今天才騎了約六十公里的距離，與計畫中的公里數有不小落差。同個房間也入住了其他人，聽他們彼此交談的口音，應該是香港人，蓋瑞突然又精神奕奕，跟其中一人用廣東話直接聊起台灣旅行的話題，聽來小吃的部分似乎占了大半。

「等一會可以帶我去逢甲夜市嗎？」蓋瑞期待的跟我說。既然到了這，就帶他去看看吧，先去沖澡換了短褲T恤及拖鞋。確認去夜市的路，是跟民宿對面咖啡吧老闆問的。兩個人騎腳踏車穿梭在街巷裡，不一會兒來到人聲鼎沸的逢甲夜市。

逢甲夜市與逢甲大學，兩者的發展連動又緊密，一九八〇年逢甲工商學院改制為逢甲大學時，日間部及夜間部學生開始增加，許多大學生在附近住宿，產生一波日常飲食需求。從小吃店行業開始，人潮商店漸漸聚攏成文華路夜市，也就是逢甲夜市的前身。此外因中港交流道、中彰快速道路，在便捷公路網絡下帶入大量的觀光客，形成了文華路、福星路及逢甲路等街衢為核心的大型商圈。人們便以逢甲夜市稱呼這個熱鬧的區域，而文華路夜市之名則隱入逢甲夜市的歷史之中。

牽著腳踏車進入商圈，走在熙攘的人潮中，看到巷道裡有間西藥店，立刻進店問有沒有緩解膝蓋疼痛的藥，老闆建議買完疲痠痛軟膏擦看看，並開了些口服止痛藥。購完藥品後，兩人約好時間及會合地點，便各自逛自個兒的，他興奮地去找大腸包小腸及章魚燒。

我從另一邊鑽進巷弄內，找著一家店名叫埔里的筒仔米糕店。想起來這家一年前吃過，印象中口味還不錯，晚餐就決定在這吃米糕及四神湯！一小時後我們都到會合點，我想，蓋瑞好好將逢甲夜市的這塊美食小拼圖，滿足地拼上了台灣腳踏車環島的大拼圖上。

回到旅店，在我隔壁床下鋪的蓋瑞稍作整理，一躺下很快就睡著了。我拿著帳本、日記及手機，到一樓小交誼廳。暈黃的桌燈下，書寫今天的紀錄並研究明天的路程，想著這個偶遇同騎的香港車友，自己會意的笑了下。上樓後，小夜燈微亮的房間內，多人的鼾聲像在合唱一般。

躺在床鋪回想第二天的路程，西螺、溪州、北斗、永靖、員林、花壇、烏日、台中，不知是不是剛吃緩解膝蓋疼痛的藥，或者真的是太累了，在一陣陣鼾聲中細數地名，不經意的進到睡夢裡。

三叉河

Chapter 03

小訪三加一處的老建築

九點四十分，手機發出捲舌般叮叮叮——鬧鈴聲響了好幾秒，十分鐘前才按下延後提示，看了隔壁床的蓋瑞，似乎也因為響起的鬧鈴翻了下身子，兩個人都從床鋪呆坐起來。

「早安！」我反射性地緩緩說。

「喔，早！」蓋瑞一臉呆的說。

整理隨身物品時，跟蓋瑞討論一下，在啟程前往台中市區前有兩個想去看的地方，台中刑務所演武場和彰化銀行宿舍。

「冇問題——」他用廣東話回答。

「mou men tei？」我疑惑跟著唸。

「大哥，我是說沒問題——」他笑著轉譯。

民宿門口準備出發時，對面咖啡店的青年老闆在小巷跟我們搭話。

「昨晚睡得好嗎？你們是在環島嗎？從哪來的？」老闆看著我的裝備問。

小聊之中，知道他也是這家民宿的管理者，蓋瑞說自己是香港人，從新竹出發環島已快完成，青年老闆驚訝地瞪大了雙眼。

「那你呢？」接著問我。

「我從台南出發的。」

「腳踏車騎這麼遠，我沒辦法的。」他嘴角上揚瞇著眼說。

到了台中刑務所演武場，大屋頂上的層層黑瓦，被正午陽光照的閃亮耀眼，鬼瓦上則有精美武字，挑高基座足顯氣派，外環的石欄杆上一顆顆小巧的寶珠造，這棟主館的入母屋及寺院形式，建築基調呈現日式傳統的典雅。主館後方，蒼鬱的大榕樹與一旁和風屋舍，隨處都可以成為很好的情境構圖，再稍往裡邊走，後方還有竹圍籬的弓道場。

「這一整個像日本的地方是作什麼的？」蓋瑞問。

「這是日本時代叫演武場的地方，主要是用來當作劍道、柔道還有弓道的練習。」

「喔！喔！喔！」蓋瑞演起了劍道的姿勢喊了幾聲。

這裡真是恍若一個古代日本的武士城鄉，看了湛藍天空下的演武場建築群後，再前往位於繼光街上的彰化銀行招待所。

經過台中州廳，在前面停了一會兒，看著正面的馬薩式屋頂、二樓的陽台洋風柱子廊道，這是森山松之助在大正初期的作品，是他留給台灣的西洋古典建築。對比現在監察院所使用的台北州廳，還有作為台灣文學館的台南州廳，這三座出自他手的州廳，如相似的三兄弟般，在建築元素如衛塔、屋頂及中軸入口的變化運用，都感受到嚴謹與靈活的雙特性。

到達繼光街的彰化銀行宿舍，庭園高牆內露出兩層高木造閣樓，屋頂的妻格子及雨淋板都呈現濃濃的日本風，接連為一層的木屋式大門入口，上方還有精緻木作懸魚裝飾，庭園裡立著精美的石宮燈，在市中心有如此清美幽靜的和風場所，真的很少見。

這木造建築在大正時代興建，當時是實業家山移定政的住宅，後來輾轉成為

台中車站 Taichung
站 Taichung Station

彰化銀行宿舍。宿舍不遠處是彰化銀行設在台中的總行，古典洋風的總行建於日本時代，至今仍使用營業。為何早在明治時代在彰化創立的銀行，後來總行會落腳台中呢？主要是因為日本規劃台中市為中部行政核心都市，股東們決定將總行遷到台中，產生了名為彰化銀行，總行卻在台中的時代現象。

「兩個地方都看了，準備離開台中了！」

「好呦！」蓋瑞戴著手套的雙手，十指緊握精神奕奕，看來他感冒似乎好了。

騎經台中車站，這次蓋瑞主動停下來，拍了這棟有小尖塔的紅磚車站，想起自己每次來到台中車站，看著車站的外觀、廊道、站內大廳到月台的鑄鐵裝飾排柱，這兒總帶著一種英國維多利亞風的華麗浪漫。

頭家厝

沿著與鐵道平行的道路，下午一點多正午的暖陽之下接上台3線，通過中繼點太原車站後，突然想該做一件事情。

「這附近不曉得有沒有郵局，想寄一點行李回台南，帶太多東西了。」

「好，找一下吧！」蓋瑞回應說。

立刻用手機上網找，不遠處有一條叫東山路的地方，有間大坑口郵局，在這間郵局買紙箱，將一本書及厚外套等一些衣物約兩公斤，以存局候領的方式寄回台南的郵局。

「少了兩公斤，車子變的這麼好踩，這是當然的啊！」路上騎著心裡說。

在路途看到一處名字挺特別的路標，立即停下來拍，蓋瑞一臉疑惑但也跟著拍，我用台語說這個叫「頭家厝」，就是「Boss House」的意思，地名很有趣，蓋瑞跟著我以台語thâu-ke-tshù來發音，說了拗口重音港版的「頭家厝」。

這個地名，的確跟一個頭家有關，清國康熙年間有個名叫張達京的人，他從廣東渡海來台並到了中部的大甲溪，結識了當地岸裡大社的巴宰族頭目阿莫，阿莫相當欣賞張達京並接待他為上賓。後來，岸裡大社發生瘟疫，張達京憑藉著所學的藥方治療族人，不僅受到大家愛戴，更受到阿莫信任招為女婿，被稱為阿蕃駙馬。

雍正年間，朝廷提拔張達京為岸裡、阿里史、舊社及烏牛欄四社的總通事，負責處理漢人與平埔族之間事務。之後他向朝廷申請開墾荒地，兄長張達朝及同鄉加入墾荒的事業，荒地成良田達數千甲，而當時開墾潭子的主持者張達朝，居民叫他張氏頭家，意思為主持開圳墾地的雇主，而張氏在潭子開墾中心地的房子，稱作頭家厝，「頭家厝」成為潭子的一個地名直至今日。

通過豐原市中心，我們由台3線轉騎台13線，騎過后豐大橋越過大甲溪進入后里，在義里派出所問了后豐鐵馬道資訊，想說順道體驗這條美麗的腳踏車道。員警告訴我們鐵馬道要從馬場路進去，馬場路路口我們剛剛騎過而且不順路，后里是鐵馬道北端點，南端點是豐原，決定還是往北繼續行程。

摩擦力

蓋瑞與我將腳踏車停在義里大橋側邊，看著這座橋沿伸至稍遠處的高架道路，蜿蜒爬升進入山坡另一側。研究手機地圖看到底要上高架道路或騎下面通路進入苗栗，討論中看著大安溪豪氣壯闊的礫石河床、火炎山岩層削壁如火焰的山峰，眼神中彼此流露對這自然之景的驚嘆。

橋身車道不時有貨車快速行駛，橋身都微微震動，有台體積及噸位較重的貨車呼嘯經過時，震動稍為大了一些，兩人交換尷尬表情哈哈苦笑，非常有默契的快速地跨上車騎過大橋。我們鑽進高架道路的下方通路，地圖上標示為尖豐公路、台13線，往三義、苗栗市區方向。

等待高架道路下的紅綠燈，綠燈一亮我們通過路橋下方順向右轉，騎一小段過橋下小徑左轉，突然一個陡急上坡，施力與變速時間不足，兩人都緩緩跳下車用牽的，盯著坡度的頂點慢慢走。右邊是長滿藤蔓植物的鐵絲圍籬，圍籬另一側是夾在谷中的國道一號，各種樣式的貨車、客運巴士、轎車往來快速行駛。後面的蓋瑞也走上來，牽車走到身子發熱，我脫下長車褲裡面加穿的保暖短褲，蓋瑞脫了短袖衣裡面加穿的長袖衣服。

「接下來的目標是三義！」放大手機地圖讓蓋瑞看。

「好的，三義！路看起來很直又不遠。」

我們跨上自己的腳踏車，站起身來再度發進。

有一種路叫作惱人無奈的上坡路，這種上坡路不同於一般，是騎了十分鐘上坡依然是上升的情況。時間是下午三點的烈陽熱風，這一段路不時要起身站著騎，但站著騎時間一久，腿還是會痠累而使不上力。兩個人反覆著騎車又牽車走一下的情況，昨天的參山大上坡再現，持續三十分鐘後，看到右前方有中油的加油站，非常自然地兩人騎進去休息上廁所。

上完廁所後，問一旁加油站在辦公室的先生，這裡有開水可以加嗎？

「可以啊，飲水機在裡邊，自己來！」

「很多人騎到這，都會在這裡上廁所加水。」著工作襯衫的中油先生說。

「前面還是上坡路嗎？」我問當下需要知道的資訊。

「很多人騎到這，也都會問這個問題，接下來路是平緩的直到三義。」

「沒摩擦力，你們不要說這段上坡，連腳踏車都不能前進。」中油先生突然來了個理工魂小聊，不過休息中我倒也想聽聽。

「沒有摩擦力這種作用阻力，人類不論是走路、用起子栓螺絲、騎腳踏車都沒辦法進行。走路是鞋底與路面的摩擦力讓人可以前進，騎車是車輪與地面向後施力，車輪得到一個向前的摩擦力，推動腳踏車前進，所以這種阻力反而是種前進的助力。」

「對摩擦力可以查一下庫倫及阿蒙頓的研究，抱歉，我好像講多了。」中油先生不好意思小笑。

「不會，我覺得很有趣！」

當下想到不僅物理上的摩擦力，阻力及助力兩種特性，對比人與人之間的磨擦力，似乎存著共通的法則。

「祝你們旅途順利，加油！」

「謝謝你！」我說。中油先生向我揚起嘴角的微笑，小揮手後進了辦公室。

「要不要問一下那位先生前面還是上坡嗎？」蓋瑞從廁所出來跟我說。

「已經問了，接下來路是平緩的直到三義。」

銅鑼灣公學校三叉河分校

三義舊名是三叉河，就如字面所示，直接說明三義的地理樣貌。以源自關刀山北麓的打哪叭溪為主流，打木溪與大坑溪再合流於打哪叭溪，溪流在這個村落合流呈現三叉狀，這是三叉河舊名的由來。改名三義是因為三叉河的「叉」字不雅，官方說法如是；但我想到「叉」字是對岸中國「義」字的簡寫，是否因政治文化的介入，三叉河這直白的地理名，而換了沒有本地淵源的新名三義，「叉」字不雅似乎成了一個強加的理由。

三義街市上木雕、木製藝品店一間接連一間，空氣中瀰漫著木頭、沉香的味道，而且特濃，樟木、檜木、檀香木交會成樹木香氣的樂音，但令我感興趣的是有個叫奉安殿的日本建築，靜靜地在一間百年小學校建中國小的一隅。

奉安殿不大，石造基座有台階，旁邊有塊立石鐫刻著敕語奉安所等字。在基座上面圍著木柵欄，四方頂的方形殿體結構立在基座之上，四方頂上有一隻精美的銅製鳳凰雕像。鐵製的殿門左右各有五七桐紋浮雕，這些雕飾之外，傳統日本皇室的象徵還有竹、菊。

緊閉的鐵門內放置著教育赦語及御真影，奉安殿一邊有洗石子浮雕的大象造形溜滑梯，這一高處的坡地側邊往下看，有棟日本瓦雨淋板屋子，這是日本時代的校長宿舍，場所呈現過往的懷舊氣氛。

奉安殿內的教育敕語為明治天皇所頒布，內容揭示道德教育為宗旨的文詞，建構天皇制度的國家認同基礎，御真影則是明治天皇及皇后的照片。台灣在日本時代的新年元旦、神武天皇登基的紀元節、明治天皇生日的明治節及昭和天皇生日的天長節等國家慶典，各級學校的校長都要宣讀敕語，全體師生均得認真聆聽。

日本人的教育敕語，在二戰結束後被刻意忽略，執政者直接代入孫文的三民主義，施行課程及考試代替宣讀。現今三民主義又慢慢沉於歷史之中，而日本人留在這裡的奉安殿，隱於建中國小的林蔭間，斜陽餘暉映照在屋頂展翅的小鳳凰。關於建中國小，我喜歡日本人為此校所起的名字，時值明治三十七年一九〇四年，學校創立時叫「銅鑼灣公學校三叉河分校」。

從三義市街到銅鑼的台13線路段，非常的好騎。腳踏車的二十七段變速開到最高，蓋瑞緊跟在後，馳騁在公路上風推動著我們。天色暗的極快、太陽隱沒了一半在西邊連綿的小山丘，兩人在路旁看見一大片向日葵花海，趁還有夕照餘光停下車，拍下一張張金黃花朵點綴於滿滿綠葉的欣喜。

漫黃燈光下的造橋車站

進到苗栗市區時，天色完全暗下來，暈黃路燈照著市街道路，蓋瑞眼神犀利的看到一間叫一口香的點心店鋪，買了店裡的青蔥牛肉餡餅，我也跟著買，一起在路旁嘗鮮。點心畢竟不是晚餐，我告訴他得找間可室內用餐的店，好好看一下苗栗到新竹的路線，也要搜尋新竹哪裡可以住宿。騎一小段，馬路店鋪屋群中有賣水餃鍋貼的八方雲集，醒目的黃紅配色招牌就在幾十公尺前，我們決定在那休息吃晚餐。

餐後，我與蓋瑞都開啟手機網路搜尋住宿，我找到新竹市區的金燕旅館並打電話訂房，接下來準備夜騎趕路了。我們取道台13甲線的中華路接北勢大橋，跨越後龍溪挺進下一個中繼點造橋。暗夜中騎在這一段幾乎是郊野丘陵道路，一盞盞黃路燈直到暗處遠方，任我們迎著一盞盞超越而過。車頭燈因昏暗的公路更加亮了，快踩加速趕路，也謹慎觀察山道路況，伴著兩旁密林裡的鳥蟲鳴叫，一個多小時抵達造橋車站。

漫黃立燈映著日本木造宿舍，不遠處是水平感的造橋車站。蓋瑞只在車站外晃晃，我逕自走進候車小廳四方的空間，挨著三面牆分別放置了三座長木椅，售票口用白鐵仔柵欄及白色板子封閉著，是一個沒配置人員的無人站，站內白晝光的燈色明亮，只有我一人在空盪的候車小廳。

台灣在昭和時代一九三五年四月二十一日清晨，島上大多數的人正準備開始一天的生活時，在新竹關刀山附近發生了規模七・一的地震，史稱新竹台中地震，又名關刀山地震。隨之的人民傷亡及屋舍損毀，各項災情相當嚴重，魚藤坪斷橋的四座紅磚橋墩至今在三義，成為那場地震的見證。當時木構的造橋車站也在地震中受損，重建時使用堅固且先進的鋼筋混凝土施作，隔年造橋有了這座有洋風柱廊的優美車站。

蓋瑞只拍了周邊環境及車站外觀，說這麼暗不好拍照，提醒我現在已經八點三十五分了，要繼續趕路。造橋車站之後的路況，依然是微微路燈的丘陵公路，在夜裡過中港溪進入竹南鎮，慢慢再現出市街樓房的點點燈火，我們默默加緊速度騎著。台13線的誠仁橋路牌下方標注鹽港溪，過這條溪後進入新竹縣的香山。

從或許曾經香氣滿溢的山進新竹

香山真有座香氣滿溢的山嗎？有個說法無關香味，但可追溯到平埔族道卡斯族，這裡原是該族的地盤，漢人初來此開墾時稱此地為番山，意即番人盤據之山。因漢人不喜歡「番」字，便將替入字形相近的「香」字，改稱香山。另一說法是早期在牛埔山一帶，山嶺種滿香茅，而香氣久久不散，成了香山這浪漫地名的來由。

趕路的我們在微涼的冷風中，並沒有聞到浪漫的香茅氣味，沿著右側鐵道在台1線上，只有車輛揚起塵風的氣味。好像騎了很久般，穿梭在安靜社區小鎮，順著中華路五段、四段、三段、二段，路上樓房愈來愈多，道路也愈加明亮，來到夜裡燈光耀眼、文藝復興風的新竹車站，車站的圓形小鐘塔指著十一點〇五分。

「耶！我完成環島了！」在車站前，蓋瑞舉起腳踏車興奮大喊。

金燕旅館在不遠處的民族路上，大廳中瀰漫豔麗的香味，我與蓋瑞在櫃台登記入住資料，到三樓開了房門，看見僅一張床而且有點小，正打算要自己再開一間房時，蓋瑞立刻掏出一半房錢放在桌上。

「我先洗澡，洗好之後要休息了，錢先給你。」

稍有點無奈，下樓付房間費用後，突然有點餓，用手機找到一家賣串燒，叫

「私嚐」的居酒屋，看地圖離旅館還蠻近的，就慢慢走過去。

經過夜半的迎曦門，景觀照明依然明亮，往居酒屋的小街上老屋一棟棟相連，或許是子夜時分，總覺得空氣中流動一股異漾。不久來到騎樓掛滿日式燈籠的居酒屋，入店聽到燒烤食材滋——滋——還有刷醬的聲音，老闆在櫃台內處理串燒的聲音及畫面，似乎讓我更餓了。點了雞肉串及牛肉串，我坐在台前靜靜吃，食物熱騰騰又晚風涼涼的夜。

回到旅館，蓋瑞裹著棉被熟睡，我洗澡後下一樓交誼廳整理帳務、看接下來往台北的路線，弄著弄著居然在椅子上睡了幾分鐘。

「明天，不，今天早上起床再看路線吧。」自言自語說。

房間裡小夜燈微亮，裹上另一條棉被與蓋瑞睡相反的方向，數著第三天經過的地點路程，台中出發到潭子、豐原、后里、三義、銅鑼，銅鑼那裡經過夕陽的向日葵花田，嗯，然後是苗栗、造橋、竹南、香山、新竹。在數著地名中，數進了夢境。

月球上的巴伊環形山

Chapter 04

車友晚起後的早餐

睜起眼眨了幾下，拿起背包裡的錶，八點十七分。叫醒窩在一另頭熟睡的蓋瑞，昨晚他說今天希望早點騎到台北，預定早上八點就要一個人先出發，他知道已經過八點後，一整個想快點啟程慌忙整理著。

「住宿有附早餐券，反正都這個時間了不用急，吃一吃再走吧。」我拿出早餐券給他。

「好吧，一起吃早餐吧！」他用三秒考慮後回答。

早餐在一樓交誼廳，看了餐點是一些公式化的菜色。倒杯柳橙汁，盛了碗稀飯，夾些醬瓜、麵筋在小盤裡，拿上兩片烤吐司。跟已經開吃的蓋瑞問一下新竹到台北路況及時間，他幾天前從這開始北上環島，應該有實際的資訊。

「很好騎喔，沒什麼上坡路，五個小時就到了。」他喝了口咖啡說。

「你那天騎風勢如何？」

「嗯……沒什麼風，很順！」蓋瑞稍閉眼兩秒回想，然後睜眼嘟起嘴說。

蓋瑞吃完早餐背起小背包，往櫃台旁牽上寄放在角落的車。

「大哥，我先出發了，謝謝！」我向他揮手微笑目送他離開。

七つの海

早餐後回到三樓小客房，自然打開電視轉到日本台，正播放著NHK節目。為了確保之後幾天的住宿，用手機網路搜尋並預訂了今天台北市、明天蘇澳鎮、後天花蓮市三處的民宿，這時，NHK節目播放了首日文歌曲，女聲吟唱調子悠遠的歌，搭著幻想插畫風的動畫。

動畫一開始有顆彩光的水晶石，漆黑中水晶石轉動著，鏡頭來到描邊的女性側臉，側臉在鏡射效果下出現旋轉的魯賓之瓶，出現一條發光的三桅帆船，航行在魯賓之瓶寬平的海中。帆船在浪濤中經過許多地方，快接近海水溢出的瓶口前，船身長出一片片的翅膀。船揮動著翅膀飛向星空，遠景那片圓形瓶口的海面站著三隻大象，象鼻撐起半圓的天空，三桅帆船直飛向遠方，疊合女性側臉後，畫面來到一片漆黑，那顆彩光的水晶石再度出現緩緩轉動。

搭著這動畫的歌是「七つの海」，聽出幾段歌詞吟唱起**「越過七片天空的時候，可以看到更遙遠的天空，天際一直綿延，那沒有人知道只屬於你的天空；越過七片海洋的時候，可以看到地圖上沒有的海洋，大海一直綿延，那沒有人知道只屬於你的海洋。」**在第四天即將啟程前，聽著這首滿滿旅風的歌，取出紙筆寫下歌的名字，帶上了這首在環島途中與我相遇的動畫音樂。

吃鴨肉麵前的建築小遊

天空澄藍正好，心想在市中心小逛一下再出發吧，首先去新竹影像博物館，這是建於戰前昭和的有樂館戲院，外觀為折衷主義，建築為方形簡潔幾何量體構成，但又處處有細緻的裝飾，正面入口的三拱門廊相當氣派，內部的ㄇ

型框體舞台，也有精采的花紋。戲院的設計者為當時任職於總督府營繕課的栗山俊一，台北郵便局及台北放送局也都是他重要的作品。

下個路口來到新竹消防博物館，博物館原是消防局，同樣是建於戰前昭和，六層的高塔很顯眼，在服務台得知是免費參觀，直奔塔頂。這座塔是瞭望鐘塔，東北方望去，可以俯瞰新竹市政府紅磚黑瓦的廳舍，稍遠處高樓一棟棟，夾著滿滿的水泥樓房，天空是藍色的，風有點強，不愧

是風城！

消防局完工時是新竹是最高的建築物，塔樓頂的八角小屋陽台展示了一只銅鐘，當時如有火警，消防員會在塔頂確認災害位置，然後敲響銅鐘，用鐘聲及傳聲筒傳遞訊息給樓下的消防人員，以順利進行救援行動。在一樓與服務台大叔聊了一下，他告訴我高塔上的銅鐘是仿製品，真品的消防銅鐘在一樓的展示區。

「外邊還有口早期的消防水井喔！」服務台大叔追加介紹。

之後他帶我去看一個上覆鐵蓋的水泥孔，說這就是當時引用地下水來作消防救災的水井。

北大路的新竹浸信會是座古典風的教堂，禮拜堂三角門楣上矗立白色小塔，塔尖上有拉丁十字架。進入白色基調的堂內，講台為一圓拱有洗禮池的凹室，十字架居中。週五近十二點，側邊長圓拱窗引進外面的光，明亮了安靜的白色禮拜堂，門口側牆嵌有一塊大理石，上面刻著「基督是教會的根基主後一九六一年七月二日立」。禮拜堂後方是教會的新建大樓，偌大的紅磚色牆面，以七盞燈的金燈台造形為窗戶，上面放置七個三角形為燈火意象，宗教符號結合採光窗戶相當有意思。

騎到北門街一棟年久失修的閩式宅第前，大門上黑底匾額有金字「進士第」高掛，這是鄭用錫的進士第，老屋上面有鐵棚架保護，在等待著修復，我跨著腳踏車拿手機拍攝。

「少年耶，你知道這間厝的歷史喔？」一位著棕色系格子外衣、藏青長褲，戴棕色鴨舌帽的長者，停下來問。

「我知，這是台灣第一位進士，號稱開台進士鄭用錫的厝。」

「喔，你知喔！」

「雖然鄭用錫號稱開台進士，但台灣出生第一位進士是陳夢球。」

「陳夢球？」

「嗯，不過陳夢球的老爸比較有名喔，他老爸可是傳說的天地會總舵主陳近南！」

「是喔！」我皺著眉頭語帶疑問。

「哈哈，我開玩笑的，他老爸是陳永華。」

「開設台南孔廟的陳永華？」

「是那個陳永華沒錯，陳夢球是他第二個兒子，雖出生在台灣，但明鄭滅亡後隨鄭克塽到燕京，後來入籍漢軍正白旗，所以就不算台籍，接下來的幾位進士也都有籍貫問題，而鄭用錫一直是台灣籍身分，所以他才有開台進士名號。」

「喔，台灣進士的歷史還有這

一段，多謝你講互我聽！」

「不會啦，看你應該對這有興趣，閒聊而已，你腳踏車載這麼多東西要騎去哪？」

「今天準備騎到台北。」

「喔，真遠內，慢慢騎！」棕色鴨舌帽長者跟我道別，繼續他的午后散步。

騎經中正路的鴨肉許，午餐吃鴨肉麵及下水湯。吃完就準備離開新竹市區了！

香草霜淇淋甜筒

由經國路一段，順行來到頭前溪橋，在車輛擁擠的下午一點多過橋進入竹北，天氣晴朗但又稍有涼意，竹北市區的台1線，各種飲食日用商店林立，汽車展售還有相關週邊的商業店面也相當多，下一個中繼點是新豐車站。

隨腳踏車車輪的轉動，轉入了一個想吃霜淇淋甜筒的念頭，舌頭的甜味區似乎鼓譟著，通過鳳山溪後的小丘爬坡，這鼓譟連動到心理越來越強烈，一直到接近熱鬧的街道時，出現了一間可以消除這鼓譟的便利商店。

「我要一支香草口味霜淇淋甜筒！」進入店裡立馬說。

「抱歉！我們這邊沒賣霜淇淋甜筒。」綁馬尾的女店員立馬回。

「這附近哪裡有在賣？」

「接近新豐車站前的泰安街口那間便利商店才有賣喔。」女店員淡淡的說。

果然騎沒幾分鐘就看見女店員說的店，櫃台後面的霜淇淋機發出叮——叮——閃亮耀眼的光芒。

「我要一支香草口味霜淇淋甜筒！」進入店裡立馬說。

「好的。」短捲髮女店員表情爽快應答。

付了三十五元，仔細先把發票收入皮夾，從短捲髮女店員手中接過紋理分明的甜筒，上面是剛擠出來乳白螺旋小塔，光是盯著就有股撲面的香甜涼沁，在店裡隨便找圓椅坐下，接下來，分明的螺旋線條被緩緩地舔鈍。

乳脂含量較低口感較細緻滑順的霜淇淋，前身是乳脂含量較高的冰淇淋，而想出將冰淇淋放在薄餅甜筒裡的，傳說是一九〇四年在美國密蘇里州聖路易市舉辦萬國博覽會的商家。這場熱鬧的盛會吸引了全美及世界各地的人們，除了科學新知及華麗的建築，人潮熙攘的會場，當然少不了好吃歡樂的飲食點心。賣著冰淇淋、格子甜餅的商家各自奮力叫賣著，當中有個機靈商家，想到將冰淇淋及格子甜餅結合成一種新甜點，一舉獲得遊客們的好評。

博覽會之後這道新甜點——冰淇淋甜筒從美國風行到全世界，但有個人對這段源起有不同的看法，他是英國的飲食歷史學家威爾。在他所收藏一幅一八〇七年的畫作《弗拉斯卡蒂咖啡館》中，畫面裡有一名年輕巴黎女子，她坐在一旁的桌子，似乎吃著很像是甜筒的東西，他堅稱這道新甜點是源自法國。

不管是誰發明將冰淇淋放進甜筒的絕佳點子，心中覺得那個不知名的人真是天才吶！看著窗外車流繁忙的繁華街道，在陌生又隨處可見的台灣西部都市景色中，帶點悠靜之情，心裡謝謝那位不知名的天才放空慢慢地吃。

在吃完霜淇淋甜筒的愉悅心情中，繼續沿台1線騎，經過新豐車站後，公路重覆著住商建物及工廠混合的景色，直到接近山崎路橋端，樓房漸漸沒那麼多，周圍像換了一幅郊野丘陵的圖畫般。騎上山崎路橋，看見左側的林間緊鄰著一根紅磚煙囪，橋下右側是長長的縱貫鐵道，暱稱阿福號的ENU700電聯車這時開進橋下。

「嗨！阿福號好久不見！」我像見到老朋友般，在橋上跟這戽斗車頭的列車揮手笑著說。

嬌陽依然灑落的紅磚街道

騎入滿是紅磚店鋪房屋的湖口老街，當地人叫老街這裡為老湖口，台鐵湖口車站那個區域為新湖口。若單看地名來個望文生義，會以為這裡是不是有個湖泊，其實這裡的「湖」意思是盆狀的窪地，湖口是這一連串窪地的出入口，舊稱大湖口或大窩口。「窩」為山區中三面封閉一面開放的盆狀窪地，又因為大湖口與大窩口客家發音相似，後來就以湖口為本地名稱。

老湖口早期相當熱鬧，原先還有車站，設站年代可溯至清國劉銘傳在台灣的時候，車站位置在老街的天主堂。由於楊梅到此的這段鐵道路線坡度較陡，據說當時火車頭常拉不上來，再者軌道路基也不穩定，到日本時代一九二九年的昭和初期，車站遷往北邊約三公里處地勢平坦的下北勢，老湖口漸由繁華趨為平靜，成排的紅磚街屋們，提醒人們這裡曾有商賣喧嘩。

在老街上買了一包切片芭樂，口感鮮鮮脆脆的，邊吃邊牽著腳踏車，漫步在磚色拱廊及精美花草動物的山牆下，下午三點多的陽光，傲嬌又甜甜的躺在緋紅牆廊。我想起多年前所認識的一對情侶，一段他們造訪這裡的故事。那年那對情侶從台北出發，坐著好像開了很久的電聯車。

湖口站下車後，男孩以為湖口老街離車站很近，在車站問當地人要怎麼走，那時才知道兩處距離有三公里多。兩人在大熱天下走了十來分，我心想這故事裡的男孩也真是太不貼心了，還是由女孩主動招了計程車，這才馬上到了老湖口。男孩看見一整條紅磚拱廊老街，保存的相當美麗完整，興奮地又看又拍照，兩人漫遊在赭紅磚的緋色時光之中。

這對情侶後來各自走上不同的路，故事裡男孩問我：那時，兩人一起走在石板路上與磚色拱廊下，你想，女孩快樂嗎？我說，女孩當時看到男孩的快樂，或許也跟著快樂了起來吧。多年後來到這個嬌陽依然灑落、一樣安靜的紅磚街道，故事似乎也被定格在男孩回憶中的有一年。

新竹湖口到桃園楊梅的台1線，是一段居高臨下的邊坡公路，右側順向視野遼闊，公路隔著平緩的農地，稍遠處小山丘陵連綿。騎半小時左右，樓房像慢慢種出來般，取代了郊野風景，通過楊梅交流道下方公路後，又呈現一整個住宅商店及工廠的城際風貌。

不久看見有輛藍色小發財，老闆娘一身淡紫連帽長袖衣、鋪棉黑背心加牛仔褲，手腳忙碌著。湯包兩個紅字大大秀在車後的白鐵招牌，下方白底小招牌紅字還有刈包、紅茶、蔥抓餅等食物文字，騎近小發財的此時，又該是合理地以嘴饞之心來補充熱量的時候了！

「老闆娘，我要一個刈包、一杯紅茶。」

「紅茶賣完了喔！」

「你是不知道我生意很好，明天早點來喔！」老闆娘帶著豪氣呵呵的說。

「嗯，請給我一個刈包。」

拿了刈包及自己車上的水壺，在一旁枝欉植被的矮牆坐著，慢慢又默默吃著。其實我剛剛點刈包時，想用華語跟老闆娘說「刈（ㄧˋ）包」，不過還是念了大家熟悉的台灣話念法「刈包（kuah-pau）」。

刈有割的意思，跟這食物的形狀還挺貼切，說起來這白扁饅頭夾上五花滷肉的點心，有個虎咬豬的別稱，照這邏輯，那刈包食物鏈不就是人咬虎咬豬，邊想著這些事的時間，完食這顆美味的刈包。

路程繼續著，騎進了夕陽澄光時分，通過中壢的老街溪，溪旁有根方形的紅磚煙囪，矗立在天際樓房背景裡，騎經中壢教會時，天色已轉換成淡藍暮光。

如錨的平安

教會基督徒的群體中，平安是最常聽見的日常招呼，平安這個問候源自希伯來人的שלום讀音shalom，意涵安穩、健康、救恩、和平的生活祝福，但基督徒的平安又有更深一層解釋，是天父會賜予信靠祂的兒女們，有穩妥如錨的平安，這平安更深確，是不管在任何情況或有懼怕，一種言詞無法述說的篤定在心中。

近桃園市中心華燈初上的向晚，腳踏車穿梭在汽機車下班的人潮，一剎那間明顯感覺到一聲喀隆，車子重重地經過一個路面窟窿，沒幾秒鐘後輪已經沒氣了。騎一小段感覺貨架裝備重壓，踩著前進相當不順，心想這樣勉強騎，車輪會有變形的危險，只得下車用牽的，找看看路上有沒有修輪胎的車店。

走在大馬路旁，汽機車一輛接著一輛經過，心境上很奇妙，牽著後輪沒氣的腳踏車，走在晚上陌生的街道，卻有身為基督徒的平安。走了幾分鐘看到一家機車店，立刻詢問可不可以修補輪胎，老闆說他無法修理腳踏車，直接介紹我前方有家叫茂詮的腳踏車店。

「車店在同一條中山路上嗎？要走多久呢？」

「用走的大概十五分鐘吧！」機車店老闆想了一下回答。

十五分鐘後走到茂詮腳踏車店，青壯年紀的老闆問了車子情況，動作俐落地拉出後輪內胎灌氣檢查，我們一下子就看到破洞漏氣的地方。

「這要換條新的內胎了，你騎環島這種長途的，建議後輪的外胎也換一條比較好的。」

「那前輪外胎也一起換吧。」

「前輪外胎不用啦，因為承受貨架及我們身體重量是在後輪。」

「真的不用嗎?」

「是的,前輪不用換!」老闆堅持又自信的說。

換好車子後輪內外胎,又買了兩條內胎備用,跟老闆道謝後再度騎上前行,上主所賜的平安及旅途即時的幫助,在此時感謝著。

騎進桃園市中心,夜間氣溫好像又冷了些,眼前一台鵝黃色小發財,車斗帆布下的招牌,亮著「傳統薑汁豆花」幾個LED字,冷颼颼的氣溫加強了嘴饞的慾望,叫了杯熱呼呼的白豆花,一旁有小凳子靜靜坐下,黑糖薑汁的甘甜味及豆香的微熱撲在稍冷臉龐,慢慢地小口小口吃著。

這位約五十多歲的豆花攤老闆,推一下眼鏡看我的腳踏車及貨架兩側馬鞍袋,然後小聊了起來,內容大致是從台南開始騎腳踏車的我,在抵達桃園此時,不只吃上他做的豆花又閒聊說上話,人與人之間的相遇是相當微妙。我說這就是薑汁豆花的一期一會,老闆聽了與我交換了微微的笑容。

巴伊環形山的直徑

今晚的月亮又大又圓呢，嗯，台北愈來愈近了呢。在桃園龜山南崁溪附近的台1線，看著前方的夜空大圓月，圓月上的陰影是平原窪地，稱作月海，當中的名字有雨海、雲海、晴朗海、寧靜海等，月表上延綿好幾條山脈，還有非常多的隕石坑環形山，而巴伊環形山是其中最大的，直徑達三百多公里，正是我從台南騎到台北四天的距離。

「我騎著腳踏車準備要橫越月球的巴伊環形山了呢。」思緒飛

躍想像著。

大圓月伴著騎腳踏車的我。經過一段樓房燈火通明的市街，來到暗夜中的龜山丘陵，夜裡台1甲的萬壽路一段，泛黃路燈一盞接著一盞，在山谷間夾道公路一一引導著，穿過高鐵桁架橋下，一段下坡路段騎出龜山進到新北新莊。晚上八點三十三分，在重新橋上看到遠處的新北大橋，綠色、白色、紫色的燈光變換映照，巨大的橋塔及斜張鋼索演出炫麗光舞。

在熱鬧商店的街路中，由三重騎上台北橋準備進入台北，橋右側淡水河岸的更遠處，五十一層的新光摩天樓顯眼地筆直矗立，下台北橋後直接進民權西路，本日目的地到了！

「我從台南騎到台北了。」輕輕的對自己說。

入宿的台北之家在一棟大廈的第十一樓，腳踏車與我在電梯裡上升著，管理者是一位金框眼鏡阿姨，先讓我將車停在交誼廳角落，交誼廳的液晶電視上方，白色牆面掛著「基督是我家之主」的小匾。阿姨介紹這裡的基本設施及一些諸如進出等的注意事項，請我填寫住宿資料並收取費用，另收取腳踏車寄放的錢。

八人房的大間上下鋪，有些床簾已拉上，挑了靠角落的一個下鋪，稍整理行李背包後，打電話約快兩年沒見的阿凱。

「你怎麼來台北了，好久不見！」這位二專夜間部的老同學說。

「臨時找你不好意思，我在松江路附近的捷運站，待會有空出來聊聊嗎？」

「好啊！嗯，等、等一下，我跟我老婆說一下。」

「我老婆說好。」幾十秒後阿凱開心的回答。

「我開車到你那邊十點可以嗎？」

「好喔，待會兒見！」我看了下手錶，九點四十分。

等阿凱的時候，手機連絡近半年沒見的阿綺，想說或許明天到宜蘭時可以碰個面，電話嘟沒幾聲就接通，先問了好。

「明天傍晚我會去宜蘭，順便拿東西給你。」

「可以喔，我晚上六點半前都在頭城，你快到時我們再約。」才六個月，電話那頭的聲調混雜著陌生與熟悉。

「好喔，那明天見！」

「嗯，再見！」

「嗯，再見！」

老同學小聊嘉義木造教堂

十點四十分，阿凱開著NISSAN白色轎車來會合，我們在附近繞了一下找咖啡店，但找到的店家都打烊休息了，我提議到捷運中山站旁的麥當勞。

「那邊好！」阿凱嘟著厚道的下巴說。

快十一點半，店裡看起來幾乎是客滿的情況，年輕人們笑聲說話聲又熱鬧又吵雜，正好看到兩個空位，我先去坐下，請阿凱幫我點杯大紅茶。

「你在南部讀書、工作時，帶你去教會都沒要信耶穌，反而到台北後你就受洗信主成為基督徒了。」

「嗯，我也覺得很奇妙啊！」阿凱呵呵地說。

「對了，你嘉義老家垂楊路上有間木造的教堂你知道嗎？」我問。

「嗯……好像有耶，是長老教會西門教會的樣子。」

「你知道西門教會原來是日本基督教團嘉義教會嗎？」

「喔，這我不知道耶！」

這間嘉義西門教會的溯源，我約略從一位日本牧師細川瀏向阿凱說起，敘述他是台灣乙未戰爭後期，以軍中牧師身分來到台灣，之後持續在中南部傳道。而細川瀏在嘉義的傳道經過多年，從「嘉義基督教講義所」開始到「嘉義教會」，並由他的後繼者建立起美麗這座教堂，而且用阿里山檜木作為建材的。

但沒幾年在太平洋戰爭結束的情況下，日本人遭遣返，美麗教堂在國民政府

「日產不得出售、轉讓，但可提供歸所屬機構使用」條例，產權可能會被當時的政府接收，幾位基督徒醫師努力調解，順利使教會產權過渡到長老教會，讓我們今日還可以看到這座典雅木造的老教堂。

「原來我老家附近的教會有這麼一段故事！」

「剛剛聊到的細川瀏牧師，他有個同時代很有名的同鄉叫坂本龍馬。」

「喔，是那個日本大河劇龍馬傳的龍馬嗎？我有看喔！」阿凱有些驚訝。

「是喔，他們都是四國的土佐藩高知人。」我補充說。

「我們嘉義這間西門教會跟坂本龍馬還有拉上關係。」

「人物與故事在仔細探究下，常讓人體驗到其中的微妙感。」我意味深長回答。

之後繼續聊了夜二專的一些回憶、彼此十多年的家庭工作及教會生活，在薑條、紅茶吃喝中，一件接著一件說著，但我沒跟他說自己是騎腳踏車來到了台北，想說環島完成後下次見面再說。聊到過了午夜，阿凱載我回到台北之家。

「謝謝你喔，回家開慢一點，下次見。」

「喔，好的，下次見面再聊。」

搭電梯看了手錶，一點十四分凌晨了。大房間裡燈是關著的，大家都拉上床簾，一些床簾後手機或平板亮著微微的螢幕光，取了衣物到公用浴室簡單、迅速梳洗一番，回房後輕聲的鑽進棉被裡。

剛洗完澡精神似乎還好，想著從新竹出發後順著到竹北、湖口，湖口老街依然很棒！之後是楊梅、中壢、桃園，在桃園時後輪破胎，感謝主沒花很久時間，輪胎就換新修好了。一路上月亮又大又圓，高掛的大圓月景色，直到龜山夜裡的山林公路，然後進新北的新莊、三重，騎上台北橋進台北市；回想這十多小時之間的情境，明天，不，是今天，就要越過東北角進入台灣的東部了呢，睡意漸濃之前，默禱感謝在旅途中看顧我的神。

冬風中的芒花海

Chapter 05

台北街巷的常民小調

走出房間到交誼廳，將大門鑰匙還給在沙發上看報紙的管理阿姨，牽上腳踏車準備離開時，隨口問了一下阿姨是不是基督徒。

「你是看到電視上面『基督是我家之主』的匾額才這樣問嗎？」金框眼鏡阿姨放下手邊報紙露出微笑問。

「嗯，我是基督徒。」

「我也是，請問您在哪聚會呢？」我接著問。

「我在這附近的長老會聚會。」

「我也是長老會的。」

阿姨點著頭，輕輕嗯了一聲。

「看你腳踏車大包小包的，是環島嗎?從哪騎來的？」阿姨順口問。

「台南。」

「我們這邊有不少環島的人會來住，今天要騎去哪？」

「今天要到宜蘭蘇澳。」

我們聊了幾分鐘，內容是彼此教會中一些如樂團、小組的事工。

「到宜蘭有段路喔，上帝祝福你！」

「嗯，謝謝！上帝祝福你！」

週六早上九點，騎在松江路的人行道，路人三三兩兩，台北天空是灰藍的顏色，途中隨意進了條小巷，巷子裡有家明亮乾淨的西式早餐店，今日的早餐就這裡吧！點了水果三明治、小杯熱奶茶，拿到早餐放下大背包，在靠近點餐台的小桌慢慢吃，幾位客人跟老闆娘都認識，彼此聊上小朋友在學校的事、家裡的生活，這日常瑣事的談話聲，是啟程前一段台北街巷的常民小調。

那晚的小小世界

騎在復興北路上，道路的左邊是捷運文湖線的高架道，比起這文湖線的名稱，比較喜歡之前叫木柵線的時候，因為連結著去台北木柵動物園的愉快想像。沿高架橋下方騎，週六早上的車輛不多，轉進忠孝東路四段後，對面是SOGO百貨，側邊大門有小小世界音樂鐘，想起十多年前童裝公司的工作，第一次出差來到這裡進童裝專櫃，進櫃工作需要等百貨公司閉店後才能進行。

吃完晚餐到閉店時間的空檔，企劃課的同事們，對我這初由台南來到台北的小夥伴說，一起去看這個小小世界音樂鐘吧。我們一群人守在下面，也有些父母小孩、路人佇足近十多人，接近快九點時。

「待會兒會有人偶出來喔！」一旁的父親對一對小兄妹說，小兄妹仰起頭認真專注的看著，從八點五十五分播放水晶、吹笛樂音，小玩偶們一個個從牆面圖案旋轉出來，然後在小小世界的旋律中，大家一起度過那一晚的九點。

騎過車輛擁擠、大樓棟棟相接的道路，來到忠孝東路七段的南港，台北的南港，常會與南部雲林的北港，兩地以地理方位相反來對比。南港早年是基隆河下游南岸的港口，因而被稱為南港，其實台北也有北港，是在基隆河北岸的汐止，現在汐止的北港國小、北港溪及北港山等處，還以北港名稱存留在區域內。

在好市多汐止店路口前看了下手機地圖，決定取道彎曲幅度較小的台5線，也就是由新台五路一段往七堵車站前進，在路上一處社區的便利商店休息，順便買一根香蕉。在店裡吃的當下，想起一則資訊提到香蕉中所含豐富的鉀，負責神經和肌肉正常收縮的重要礦物質，可以大大預防抽筋，既然可預防抽筋，騎長途的我就應該多吃些吧，這樣想著在吃完後又隨即買了一根。

離開汐止市中心，台5線成為一片丘陵群山的景象，騎一段路後，多處可見成堆如方形小樓的貨櫃群，這裡已相當臨近基隆港，因港口腹地狹小，一個個貨櫃場成為這翠綠山林中，不可避免又雜亂合理的地景。順著位置在高處的五堵橋彎道，可以一覽下方百福車站的站房、月台及鐵道，過基隆河來到六堵科技園區，從百福車站接連過來的鐵道，隔著鐵網緊鄰著所騎的明德二路，騎在鐵道旁的公路上，心中流露出喜悅的安全感。

光明路上的七堵車站是座現代風站體，經過這棟樓高四層，圓弧玻璃帷幕內推，組合著方形量體的車站建築。正想著台鐵多年來，對車站舊建築修復保存的議題，往前騎了一、兩分鐘後，右側一棟大型木造房舍吸引我停下腳踏車，屋頂下方有七堵車站的招牌，原來木造站房還保留著！

拿出相機拍下這座車站的各個角度，一旁的解說牌上記錄著沿革，這棟木造車站建於一九〇〇年代，這樣算來就是已經超過百年了，二〇〇七年木造車站在原址解體並重組於此保留。今天的天氣有點灰濛濛的，不然拍起來會更美吧，多待了一些時間，細看黑色和瓦屋頂的入母屋及切妻的組合、屋身雨淋板樣貌，這棟木造車站能夠被保留下來，真是太好了，我想。

八暖暖與瑞芳街

經過八堵車站後，前方是往基隆，因路線規畫要去瑞芳，轉進瑞八公路也就是台2丁線往暖暖、瑞芳前進。第一次知道暖暖是十多年前逛書店時，這個地名出現在一本介紹基隆的旅遊書裡，看這麼可愛的地名時，嘴角都揚起了小笑。

暖暖並不是此處天候特別暖和的意思，此地在荷蘭時代的《淡水與其附近村社暨雞籠島略圖》中標示為Perranouan，用台語發音就是八暖暖（Peh-luán-luán），意思可能為間隔處，是巴塞族的聚落，清國時期漢人入墾後，開始出現暖暖庄的名稱。

來到暖暖街、東勢街十字路口正好中午十二點，電線杆及上面電線交織在道路周圍，小路口相當紛雜熱鬧，市中心的街景的確暖暖哄哄的，處處四層以上的透天厝，不遠處的區公所、全家超商及燒臘便當店九記，跨著腳踏車定睛看這間九記燒臘，午餐就這間店了！

點一份油雞飯邊吃邊看手機地圖，研究到瑞芳之間的道路，中間會經過一個叫四腳亭的地方，又是一個可愛療癒風的地名。午餐後由暖暖街向北騎，小道路兩

邊多是透天商店住宅，經過平交道順著右轉經過暖暖車站，直接沿基隆河南岸騎向四腳亭。

過了瑞慶橋進入四腳亭，街道與樓房比起暖暖小了些，一整個山林城庄的氣氛，途中看見瑞亭國小，騎車進入晃了一下，三個小朋友在綠地跑著嬉鬧玩耍，其中一個男孩向我跑來，另外的男孩及女孩也跟著過來。

「叔叔、叔叔你從哪裡來的，你載好多東西喔！」

「對啊，叔叔哪裡來的？」好樣的，直接叫我叔叔，很有禮貌嘛你們。

「我從台南來的喔！」使出大人的微笑回答他們。

「台南喔，有聽過但還沒去過的地方，很遠嗎？」

「很遠喔，對了，你們知不知道這邊為什麼叫四腳亭？」

三個小朋友搶著說我知道，小女孩搶先回答。

「很久以前我們學校這裡有一個四隻腳的亭子，過路旅行的人可以在這裡休息。」

「那很久以前的亭子還在嗎？」

「沒有啦！」三個同時說。

「好，那你們知不知道暖暖為什麼叫暖暖？」打算不知道的話，叔叔可以來個小教學。

「我知道！」小女孩雙手叉腰說。

「因為暖暖都是山路又常常下雨，那個，來往的人常常不小心跌倒，旁邊的人會幫跌倒的人扶起來，然後那個腫起來的地方，會幫他暖暖耶（揉一揉）。」說完三個一起大笑，三個人還表演起摸腳暖暖耶的樣子。

跟小朋友們說再見後騎到了瑞芳街，山徑緊臨基隆河畔，左邊伴著宜蘭線鐵道，騎起來不用說，心境是非常舒服的，經過鐵道的深澳隧道後，另一邊基隆河有個大彎河道，對面是河床大草坪，遠方山巒迭起景色遼闊。河中淺水礫石處有三兩釣客，天空是淡淡霧霧的藍，眼前所見的閒逸，皮膚感受到流動的清新空氣，耳朵聽到微風及溪水的聲音，山林溪谷乘風而來的青翠味道，而這些，當下只能用相機有限的記錄著。

一種週末假期的理所當然，瑞芳車站前擠滿了人，我在廣場遊客人潮中環顧車站周邊的景象。距上次來此的時間已是十多年前了，那年冬天跟一個女孩在這裡短暫下車，等候要去平溪線的車班，在附近閒晃時，她買了包熱呼呼的地瓜球一起吃，口中滋味脆脆甜甜，當時用一小本子速寫了瑞芳站前的風景。騎著腳踏車再度來到了這，感覺很不可思議，不論是回憶及路程都有點遠的地方。

到瑞芳區公所旁的台2丁線，接上北部濱海公路，通過瑞芳隧道，馬上又進入瑞濱隧道，騎出約三百多公尺的隧道口就幾乎是下坡道，兩旁綠意夾道，這一段輕鬆快適，約莫五分鐘過了個彎，海平面出現在不遠處，幾處岩石相連於海灣，呈現灰濛濛的淡藍霧氣，傳來海浪轟轟的響聲，心情不能不說，實在喜悅激動，北海岸公路到了。

飛行石

在路旁看手機地圖再次確認道路方向，北海岸公路相當曲折，那種蜿蜒，有如自然衍生的意志般環繞著北台灣。從這裡開始設了三個中繼點目標：十三層選礦場、澳底及三貂角。依地理位置來說，三貂角一過就是南行往宜蘭、花蓮、台東路線了。

騎過安靜的海濱街庄，一個彎進入一百三十五公尺的海濱隧道，裡面燈照很明亮，出隧道口後就是蝙蝠洞公園，前方是岩壁

及丘陵野地的臨海道路，途中一個三角警示牌有三隻塗黑的蝙蝠圖樣，下方有白底黑字告示：常有蝙蝠減速慢行。我想騎著裝備不少的腳踏車，也減速不了多少，不過，這段路上倒是沒見到警示牌上的飛行哺乳生物。

來到第一個中繼點，建於日本明治時代的十三層選礦場，如階梯狀分明的小山，一層一層洞口並列雜草滿布，這裡又被稱為天空之城，暱稱源自宮崎駿導演的動畫電影《天空之城》，本作的原型出自《格列佛遊記》飛島國的篇章。故事中格列佛在飛島國看到一顆大磁石，這是島嶼飛行動力的來源，而大磁石也對應動畫《天空之城》中的飛行石。

宮崎駿設定的天空之城，也就是拉普達城，外觀是圓形層疊的城堡，對照畫家布勒哲爾一幅文藝復興時期的作品〈通天塔〉，會發現兩個城堡造形還蠻相似的。《天空之城》中的男女主角抵達漂浮於天的拉普達城時，所見是到處長滿植物的遺跡，對比十三層自然而生的植被，那荒廢久遠的遺跡感，這樣的景象被稱為天空之城似乎也不為過，如果十三層底下有飛行石，這遺跡就會整個飄浮起來。

「騰空而飛吧！天空之城十三層！」幻想這個畫面心裡喊著說。

拍了幾張選礦場及另一邊陰陽海的照片後，前往下個中繼點澳底。

往澳底路上的海岸邊，看到一顆高約一樓半的巨石。表面粗曠蝕刻的紋理分明，路旁標示這裡為南雅奇岩區，巨石地標一帶連綿著怪異的地形與岩石，景色與一九七三年一部歐洲動畫《奇幻星球》的氣氛相似，怪鳥或巨大藍色外星人還蠻適合出現在這裡。

海岸奇岩雖特殊，但公路右側是高聳山壁，路上有注意落石的標誌，山壁有大面積的落石防護網，有三個工作人員戴黃色安全帽、身穿防護背心及藏青工作服，攀爬在約五、六層樓高近乎垂直的岩壁進行維護，心中默默地感謝他們。

通過鼻頭角翠綠小丘的鼻頭漁港，出鼻頭隧道後是龍洞街，有一些潛水中心、咖啡店及民宿。這一段路況平坦而且沒有風阻，車速感覺上快多了，在叉路口騎進龍洞漁港，一方面想抄捷徑避開前方彎曲的路線，取漁村小路再接上公路。

在漁村裡往返海堤港口，滿滿的漁船與灰濛的海景色重覆著，在戶戶緊閉的小村落裡，迷路的我反覆對照著手機地圖，但依地圖卻沒路可騎，附近又無人可問。突然在一處野地看到約十階水泥階梯，上面接有一條小路，心想就走這條路看看，只得奮力抬起沉甸的腳踏車，緩步小心走上台階，坡度稍陡情況下，牽腳踏車走一段水泥碎石及雜草夾道的路徑，再次接回濱海公路上。

騎在居高處的公路上，俯瞰前方龍洞四季灣，在公路護欄邊拍攝防波堤的大鯨魚塑像，灣岸港口裡停泊著許多白色遊艇，兩大隻灰色水泥鯨魚相對，一隻繪上藍色鯨魚及對話框裡有「MARRY ME？」一隻繪上粉紅色鯨魚而對話框裡有「YES, I DO！」真是東北角可愛浪漫的小港灣。

芒花海與西川滿的《台灣縱貫鐵道》

龍洞四季灣小休息後，繼續沿公路前進，遠方的大海與相連的天際依然繼續著灰濛，貨車、轎車、機車偶爾一輛輛通過，路上的風稍來了冷空氣。儘管我穿著厚外套，身子依然感到寒冷，前進蜿蜒公路的途中，望眼海濱野地的菅芒花在冬風中颯颯搖曳，搭著不遠處海浪撲沙——撲沙——反覆聲響，滿布的雪白芒花像代替雪花般襯上綠草地，騎在南方島國特有的冬日風景裡。

經過一個加油站後，路旁綠底白字地名路牌標示著澳底，下午三點四十九分，第二個中繼點到著。西川滿的小說《台灣縱貫鐵道》，場景開始於軍隊攝影師恆川清一郎及士兵們登陸澳底、鹽寮一帶，拉開台日乙未戰爭的序幕。

軍團於沖繩中城灣集結航向台灣，文字描述由外海遠觀台灣東北角的淡綠群山，由軍艦轉乘舢艇登陸澳底，字節描寫栩栩生動，本著寫實小說的體裁，書寫上有著相當程度的還原。根據記載，日軍一八九五年在此上陸展開征台戰役，在澳底、鹽寮登陸時並沒有激烈的戰鬥，半個月後日軍和平進入台北，在台灣開啟了五十年的統治。

騎腳踏車經過百餘年前的歷史現場，大大小小的歷史事件，形成連續與連動，時間軸的連接影響每一個世人，如腳踏車齒輪與鏈條傳動的必然性，說起來不誇張，因為日本人統治台灣過，所以我今天騎腳踏車通過他們登陸的起點。

除了日軍登陸歷史，這附近有個對環境爭議極大而停建的廠區，就是一般通稱核四的龍門核能發電廠。對我們這島國的子民來說，路旁綠丘高處白色巨大方形廠房及高聳的煙囪管，以無言姿態在海岸邊，核四似乎以建築的身影進行爭辯，題目是經濟能源與環保安全的價值取捨。

通過澳底後，再經過一段無人煙房舍的海岸丘陵公路，挺進熱鬧福隆街道，沒有多作停留奮力踩車趕路，此時已下午四點多，途中在便利商店休息時，打電話與阿綺約六點在頭城見面。

越過東北角

四點五十一分，看到第三個中繼點三貂角，心中跟自己說再騎個幾分鐘之後就準備要往南騎了。三貂角地名是聖地牙哥的音譯，在大航海時代後期，馬尼拉的西班牙總督組織了一支遠征艦隊，由伐爾得斯率領準備進占台灣，艦隊沿台灣東部海岸線航行，當他們抵達福隆這一帶港灣時，將此取名為聖地牙哥，這是西班牙的一處地名。

聖地牙哥是西班牙語，意思是聖雅各，這位雅各是使徒約翰的弟兄，兩兄弟同為耶穌的門徒。傳說他的遺骸被運到西班牙，埋葬的地方被稱作聖地牙哥，當地是天主教三大朝聖之路聖雅各之路的終點。由西班牙人乘坐大船通過廣大海洋，他們所帶來台灣的地名聖地牙哥，雖音譯成了三貂角相似的唸法，在這個海岬以三貂角之名傳述的，是水手們在一段冒險遠征的鄉愁，重疊於他們所稱的艾爾摩沙，台灣。

四點五十五分繞過三貂角，天色又暗了些，望向小山上的燈塔，塔頂的燈旋轉著微微淡淡的光。

「終於要開始騎東部公路了。」感到自己一個篤定的眼神望著南方說。

回憶耶加雪菲的香氣

微暗天色與稍濃的海霧一起覆蓋了太平洋，不同於台灣海峽的海浪，太平洋的浪花響聲是低沉渾厚的男低音。海聲搭著遠霧海風揚起，自海中到拍擊石岸，聲音傳到騎著車的我，這是我旅途中不需用電池戴耳機的隨身聽，聽著這首不知名的太平洋浪花之歌，我進入了宜蘭的頭城。

石城是頭城同時為宜蘭最北的街庄，在石城車站附近雜貨店休息，由雜貨店公路前方可俯瞰車站、月台及鐵道，車站離海岸相當近。我在雜貨店前喝著買來的沙士，認真看著東方海面尋找龜山島，海霧很重又是傍晚，島影如海市蜃樓般曖昧，恍如日本特攝片，那就要上岸的龜形怪獸卡美拉。

「霧有些重，龜山島應該看沒什有。」老闆走出來用台語跟我說。

「那個是嗎？」我指著霧濛海平面的一個影像問。

「方向沒錯，應該是吧。」他一派隨意回答。

老闆接著跟我聊起龜山島的另一件事，在十多年以前，石城濱海這一帶都可以聞到龜山島飄來的硫磺味，因為礁溪溫泉的開發，連動使島上的地熱硫磺過度使用，現在已沒有硫磺味飄過來了。店裡一旁的常客附和著老闆的說法。

騎到蘭陽博物館時，天色已經完全暗下來，館舍出現在夜裡逆光的幾何三角，暈黃路燈一盞盞連到地平線。抵達頭城市區已經超過六點半，與阿綺通電話，她跟我約另一個地方見面，是礁溪一間土雞城隔壁的7-11，她在那裡與朋友吃飯。

加緊速度踩著踏板，穿過昏矇公路的暗夜田野，路旁房舍被路燈上了暈黃，遠方是漆黑的山巒，如果是白天的話，這裡應該很美，我一定會為這美麗的蘭陽山景而停下來拍照，下次來再好好拍吧，我想。

土雞城的招牌很明顯，一旁7-11前的廣場幾乎停滿轎車，應該就是這裡了，在7-11前撥了電話，商店自動門的聲音叮咚叮咚的，配上會面的背景音樂。

「你到了，等我一下喔。」

不一會兒，阿綺從土雞城那端走來，一樣到頸下的髮長、黑框眼鏡，穿著深藍色的外套、牛仔褲與赭紅色布鞋，從那一天算起有半年沒見面了。

「好久不見，妳怎麼變成這樣。」

「哪有，只是我穿的外套厚了點。」

對話中沒提到胖這個字，卻是講這件事。

「這是郵件包裹領取單，頂埔郵局的。」

「是什麼東西啊？」她接過單子問。

「妳去領就知道了，不是什麼奇怪的東西。」我賣個關子笑笑回答。

「你騎腳踏車環島喔，很酷耶。」她看了下腳踏車，一如用我所熟悉，那呆呆的微笑表情說。

很酷，有嗎？我是覺得很累，但聽到她這樣說，心裡深處有一些高興，想著很酷這兩個字。

「記得去領喔，先這樣，再見。」我笑著說。

「嗯，再見。」她笑著回答。

從七點十五分到七點二十分，五分鐘的相逢。郵件包裹裡面的那些畫作，是我們那一整天在台南成大附近的咖啡店，在耶加雪菲香氣下，用色鉛筆細慢繪著，一起在話不多的安靜下完成，那回憶也一同放在了包裹裡。

冷風黃光路燈下的蘇澳市區5及南方澳8

有一種藍，深沉鬱鬱的藍在我身旁暈染開了般，我帶著這種藍騎進礁溪的溫泉鄉。飯店旅館燈火明亮，緩騎經過一對對笑顏的情侶，一群群嬉鬧的朋友，一家又一家大人們聊天。小孩們在前走跳玩樂的繁華街，眼前好像世界上的憂愁與傷痛都不存在似的。

慢慢地前方公路漸漸安靜，停在路旁一間斗大黃色招牌的便當店前，覺得有點餓，但分不清是生理上或是心理上的餓，隨意點了便當飯盒，在騎樓下默默吃著。

騎過宜蘭橋那端就是宜蘭市了，橋下宜蘭河畔的綠地，由街燈們照耀沿伸到遠方。入夜八點半宜蘭市的中山路段，雖然很多商店的招牌還亮著，但行人與車輛不多，街道顯得有些安靜，市區有兩個地方我想去看看，藍屋及宜蘭設治紀念館。

日本黑瓦與藍色雨淋板，加上洋風拱門及雕飾木窗，夜燈將和洋混合風的藍屋，照出一番柔柔的典雅，作為餐廳的藍屋曾是宜蘭舊監獄的門廳，只能說日本人將門廳蓋的太有氣質，現在轉作燭光排餐晚酌之處也合適。

宜蘭設治紀念館原是宜蘭廳長官邸，是棟和洋宅邸，這個時間沒有開放。從路旁矮牆看見日式庭園內的大樟樹，聚光燈將樹照的既高大又久遠，相隔多年再次來看大樟樹仍然很感動。曾經住在這庭園屋敷裡的人們，感受早晨溼潤的露水與鳥啼，夜晚端坐或斜躺於緣側，月光透著樹葉間隙灑下，喝上一杯小酒，廊道風鈴叮叮清脆響聲，我描繪著這樣的生活。

從蘭陽大橋通過夜幕愈深的蘭陽溪進入羅東，甩開羅東夜市的呼喚，只在市區的一間水果攤買了棗子及蘋果，未多作停留，緊接著沿台9線騎過冬山河。冬山河橋下的河濱公園景觀燈，映照在夜晚輕漾的河水裡，呈現燈光鏡射的河景，直連到黝黑山脈連峰，是冬山河的異世界。進冬山老街不久，被某個路口阿婆油飯的招牌挑起食慾，但油飯已賣完，只點了碗四神湯。喝完暖一下身子的湯，站在店門口要出發時，想到冬山車站好像在附近，雖然要趕路，但也是一直想看看

的車站，嗯，稍微思索了下，打開手機地圖確認到車站多遠。

「啊，原來這麼近！在前面而已！」沒有不去的理由往冬山車站騎。

介紹冬山車站的文章，幾乎會形容這是像瓜棚的美麗車站，夜晚來能見到的樣子，除了高架鐵道下售票入口處，候車區交叉弧型鋼拱、上覆膜材之下月台有燈照的地方，車站周圍暗夜的時間走在月台上，寒冷的風吹襲著，整齊交叉的鋼拱一座座接合直到燈暗之處，鐵軌則從燈暗之處延伸進來，EMU500電聯車由宜蘭方面緩緩開來停在站內，場所安靜的氣氛，與其說像瓜棚，似乎覺得自己探險於某種巨大生物的化石骨骼之中。

車站北邊冬山河的下游南岸，在五結有個叫利澤簡的地方，在利澤簡附近的流流社，是早期噶瑪蘭人的聚落，流流社之地有棵大葉山欖，據說是淡水來的馬偕牧師到那傳道時所栽植。十九世紀末，馬雅各、馬偕、巴克禮、甘為霖等基督新教的傳道者們，陸續來到台灣，早他們幾百年來過台灣的荷蘭人、西班牙人，為了商業貿易利益踏足島嶼各處，也帶來了戰爭。不同於他們，傳道者們為了傳遞耶穌為世人死而復活的福音，來到他們陌生的島嶼而踏足各處，並且帶入當時先進的醫療、教育等事業，開啟這個島國文明的新章。

冬山車站待了十多分鐘，得繼續往蘇澳前進。黃光路燈將柏油路照得明亮，偶爾一兩台車咻咻地快速而過，紅色車尾燈消失在道路另一端，在帶勁冷風夜裡無止盡般踩著腳踏車。盯著遠方的地平線，前方道路一直如帶子送出般，路燈照出自己騎車的影子。影子不斷交互出現，延伸拉長而消失又再出現，像連續動畫反覆在柏油路面。

不知道騎了多久，看到遠方的路牌上面標示著蘇澳鎮，又另外標示蘇澳市區5及南方澳8。嗯，蘇澳還有五公里就到了！戴著短指手套的手緊握車把，對自己說了聲加油！

老闆娘的旅客見聞錄

晚上十一點多騎進蘇澳，街道兩旁大多是兩至三層的連棟透天厝，循手機地圖找到預訂的民宿，是中山路一段上一棟兩層樓的房子，三樓是鐵皮屋頂，中山兩大字、民宿兩小字在白底側邊招牌上。玻璃鋁門內燈還亮著，開門後老闆娘從裡邊房間走出來，一樓有張沙發，後面有張辦公桌，牆邊放置一些工具、紙箱。

「喔，你就是訂今天房間那個騎腳踏車的人客，怎麼這麼晚才到？」

「拍謝，讓大姊等，想不到從台北騎過來要這麼久。」我抱歉的說。

老闆娘看來就像本土劇裡的大姊，那種親和樸實的大姊，老闆娘的先生也出來招呼。

「少年耶從台北騎過來喔。」

「是啊。」邊回答邊卸下背包。

「明天準備騎到哪？」

「要到花蓮。」我接著整理馬鞍袋的東西。

「厚！到花蓮那條路有三個大上坡，非常難騎！」老闆娘的先生說。

「嗯。」我輕輕微笑回應。

「我明天還有工作要先休息，晚安。」

「晚安。」

老闆娘接著跟我聊起一些客人的小故事，說到她接待過一個徒步環島的年輕人，走到這裡時明顯體力不支，勸他要不要搭一段車。

「那個人非常固執一定要用走的。」老闆娘皺著眉頭說。

另一個是晚上八點多還在中橫公路騎機車的年輕人，因為車燈不夠亮，路上沒路燈停在公路上，還是靠一輛計程車上去幫忙，開大燈照亮道路，年輕人才順利下山來到民宿。

老闆娘說房間在二樓，今晚只有我與另一個已入住的客人，可以隨便挑一間房休息，挑了有三張雙人床的大房間，這間通風比較好，公共浴廁也在對面。

「好好休息，房間跟大門鑰匙給你，等一下如果有要出去吃宵夜，門要鎖好。」

「嗯，好。」

在水泥地的長型浴室用熱水沖洗旅途的疲累，洗完澡將衣物放進陽台的洗衣機，等待洗衣服的時間，走去附近的7-11。夜裡在陌生的市鎮晃晃，是我環島主菜的飯後小甜點。

雙手插進絨毛外套的口袋走進店裡，便利商店一樣明亮，陳列架上上的食物、用品、冰箱的飲料，在不熟悉的小鎮裡散發出熟悉與安定感。買了鮪魚飯糰及罐裝可樂，靜靜地吃，靜靜看著來店裡買東西的人們。

回到民宿衣物已洗好，陽台的風更大更冷了，空地遠方的小山，是一團漆黑不規則的三角形，那山裡現在應該很暗吧，有什麼動物、昆蟲在活動或者睡覺呢？晾衣物時，冷風吹的小鎮房屋的屋頂嘎嘎作響，門窗也因風勢微微震動，這麼大的風吹著，車褲衣物一早應該會乾吧。

大房間日光燈開著，手機搜尋這裡教會的資訊，看哪間教會順路可以禮拜，到花蓮的路也看了一下，閉上疲勞的眼睛腦海回想台北、南港、汐止、七堵、八堵，然後進了暖暖、四腳亭、瑞芳，北部濱海公路的海浪、十三層、龍洞、可愛大鯨魚，一路上的芒花海到了澳底、福隆再過三貂角，新城、頭城、礁溪，在礁溪與阿綺見面，礁溪溫泉街道、宜蘭、羅東、冬山、蘇澳，通常開日光燈的話，我是很難入眠的，但我想著騎過的地方，然後看見上次的綿羊，夜空中圓月照耀星星點點，綿羊已經通過福爾摩沙一號衛星，要騎回大草原，但這一晚房間燈光明亮。

蘇花的
滿天繁星

Chapter 06

撒母耳記下

早上九點二十五分離開中山民宿，街道的天空上，團團潔白雲朵緩緩移動，這是蘇澳鎮晴空的主日。主日一詞是基督宗教紀念主耶穌復活的日子，基督徒如此稱呼禮拜天。上蘇花公路前，先騎到延平路的協同教會，想說要參加主日禮拜。

這間教會有小庭院，禮拜堂是白色屋身紅色雙斜屋頂，上方有紅色十字架，往禮拜堂裡邊看，講台前有幾個小朋友在練習烏克麗麗，一位中年弟兄在旁邊教他們，一位姊妹過來招呼我。

「請問你要找誰嗎？」姊妹好奇笑著問。

「請問禮拜幾點開始？」

「你要參加禮拜嗎，十點半開始喔！」

看了下手錶現在九點三十五分，一般整場禮拜幾乎都是一小時，如果禮拜後出發的話，也都十一點半或者十二點了。

「我今天要到花蓮，是騎腳踏車去，如果作完這場禮拜再出發，可能有點晚。」

「蘇澳離花蓮很近喔，就算十二點出發，騎腳踏車也三、四個小時就會到。」姊妹一派輕鬆說，教烏克麗麗的弟兄這時請我們談話小聲點。

我不知道這位姊妹三、四個小時是怎麼算的，而且上坡路段情況如何，要多少時間爬坡。考慮後，跟這位姊妹說時間真得有點趕。我在禮拜堂裡後面櫃子，拿了本教會的聖經站著默禱，然後翻到《撒母耳記下》第二十三章第五節一段話：「神卻與我立永遠的約，這約凡事堅穩，關乎我的一切救恩和我一切所想望的，祂豈不為我成就嗎？」

對基督徒來說，他們有一些時刻相信神會藉著聖經的話，賜予喜樂及盼望，我再次感謝神，相信祂會繼續保守我之後的行程及人生。九點五十分步出禮拜堂，回頭看了眼這間紅屋頂小教會，向蘇花公路發進！

白米甕

由中興巷這條不像巷子的馬路通過平交道，馬路房舍不遠處的盡頭，七星嶺及蘇澳山覆著青翠，山嶺的背景是天空溫柔的藍與棉花雲。右轉白米橋，橋下的白米河水流清澈，兩旁河岸長滿青草，附近有個舊名白米甕的白米社區。清國時期駐營守軍張家驥，從高處俯瞰白米溪，溪床滿是閃閃發亮的白色石頭，有如白米般，他看這三面環山有如甕形的盆地，以此景取名為白米甕。

白米甕的由來另有一則仙人傳說：古早以前，不知道哪冒出來的仙人，仙人看這裡的居民辛勤耕種卻收穫不多，於是擺了個石甕在山腳下，石甕每天會湧出每戶居民一家所需的白米。一個貪心的少年人想要多一點白米，趁晚上去敲碎石甕，才發覺裡面是空的，而白米也不再湧出。

故事寓意知足、不可貪心的基本道理，可是居民若一直依賴石甕湧出的白米，而不好好想辦法耕作也不是辦法，貪心少年人行為固然可議，卻讓村子居民能再一次面對生活環境吧。另外，那個仙人看來是有連結次元空間的能力，或許他連結了某個穀倉，將白米引到石甕，但石甕被破壞後，連結就不見了，他不修復或懶得修石甕，使供應食物這種次元能力留下傳說。

蘇花三大爬坡前的港町

過白米橋順著右彎，來了一段爬坡，前方標示蘇花公路，還有花蓮、南澳、東澳的里程數，今天的目的地花蓮一旁標示九十五

公里。

站在南方澳的木製大觀景台，將港町海景盡收眼底，船隻一艘艘緊靠停泊在港內，房子一間間排列在港口道路旁，另一側是弧形帶狀的內埤海灘，霧藍的天空下，海灘與翠綠的筆架山連峰及猴猴鼻相接，白色變幻浪花是內埤海灘的飾帶，海面的靄霧是薄紗，海洋摟抱著美麗的南方澳，南方澳的景色在煦煦海風中擁抱著我。

互相加油的第一個爬坡

跟南方澳說再會後，接下來騎往東澳，這是第一段大爬坡，沿著居高臨海的南蘇澳山，彎道一個接一個爬升，途中好幾次上坡，變速檔都切成最低速，以很慢的速度踩踏前進，比起三天前與蓋瑞一起騎的尖豐公路，這簡直還難騎好幾倍。記得當時他說到，東部有一段路比尖豐公路的后里到三義爬坡更難騎，我想就是這一段，而進花蓮前三大爬坡才剛開始。

體力消耗及雙腿的疲累騎三公里就出現了，對面快速下坡的車友們令我心生羨慕，感覺上這些人都可以直接滑入南方澳，他們與我交會時，左手豎起大拇指。

「加油！」一個個露出燦爛的微笑，陽光將牙齒照得閃閃發光的說。

「加油！」我咬著牙齒，擠出一點點笑容，用力騎著爬坡回應。

從蘇澳算起九公里左右，穿過幾座明隧道，騎到最高點正道橋海拔是三百五十公尺，啊，是高雄八五大樓的高度，之後是六公里的下坡，我幾乎是稍微踩踏輕鬆滑入東澳，對面緩慢上坡的車友們，看來非常吃力低速前進，與他們交會時，我左手豎起大拇指。

「加油！」露出燦爛的微笑，陽光將我牙齒照得閃閃發光的說。

「加油！」上坡車友咬著牙齒，擠出一點點笑容，用力騎著爬坡回應。

一處下坡彎道從高處望見延伸入海的烏石鼻，旁邊是東澳灣的弧形礫石海灘，遠景上了層近午的朦朧霧氣，東澳近在眼前。

在全家便利商店吃本日第一餐，鮪魚三角飯糰、茶葉蛋、鋁箔包奶茶，十一點五十六分的東澳街道相當安靜，商店裡有一位原住民父親跟他看起來還是小學生的孩子，用原民口音的華語交談，討論要不要買玩具的事，我邊吃邊看著對面的中油加油站及房舍，背景是剛剛騎來的山嶺。

「第一個大爬坡攻略，還有兩個啊。」自言自語說著。

第二個爬坡後的新澳隧道裡

走出便利商店往南邊道路端點看，有北迴線高架鐵道越過，道路通過高架涵洞。騎一分多鐘通過涵洞口前的東澳車站，穿過涵洞後道路連接著東岳橋，底下是東澳南溪的綠壑，第二段的大爬坡明顯開始了。這一段騎在山林夾道裡，一群鳥兒在柏油路上低空飛過，響起振翅及吱喳的聲音，綠葉成隧的療癒風光與吃力的爬坡酸累，兩種心情共存著。

路上遇到與我同方向騎的車友們，我們一起使勁的上坡、互相加油，一行人抵達新澳隧道口前，這裡是本段的最高點，海拔兩百八十一公尺，啊，約是台北南山廣場的高度。大家很有默契地在這裡休息聊起天來，當中有一對男女是在逢甲大學讀書的情侶檔，一位是中國來就讀輔仁大學的留學生叫葉哲。

「一起拍個照吧！」我提議，大家立刻擠到我的手機前，表情微笑定格自拍。

拍完照後，情侶檔還要等兩位女同學，她們還沒爬上來，中國留學生葉哲還要休息一下，我先出發騎進隧道。

新澳隧道分為西線與東線，是開挖南澳嶺建造的，往南的話是走西線，隧道洞口旁標示長一千一百六十二公尺，隧道內黃色燈光連到遠處的彎道，心情愉快下站起來騎了一段，在隧道裡面呦齁——了一大聲。此時，腳踏車過一個窟窿時震了一下，車輪還好吧！我立即想。

出隧道口後，後輪已是沒氣的情況，只得下來牽腳踏車走在山巒翠綠的蘇花公路，剛一起拍照的車友們，沒幾分鐘一一出隧道，停下來問我車子的情況。

「要不要先打氣試試？」情侶檔一起說。

我拿出小打氣筒，一打馬上又消風，看來後輪內胎應該是破洞了，前天桃園買的內胎這就要出場了。

「我有備胎，你們誰會換嗎？」我問。

「有看過別人換，但我是第一次換，試試看吧！」葉哲拿出挖胎棒準備作業。

抽出破掉的內胎還蠻快的，換上新內胎再放進外胎，這個過程花較長時間，一群人圍著我的車處理，情侶檔的兩位女同學這時也跟上，新內胎不久也裝進外胎。

「好像裝得不太好，但騎到南澳應該沒問題，那時看附近有沒有腳踏車店再整理一下。」葉哲收拾工具說。

「謝謝你們的幫忙！」我感激說，在心裡感謝神讓我遇上這幾位車友。

「待會在南澳最好吃的冰店，大家一起休息吃冰吧！」情侶檔的男生說。

「好喔！」大家爽快的回答。

六個人輕鬆踩踏，滑行在山林綠意的下坡柏油路，輕鬆到要注意煞車，過了幾個彎道後，才十幾分鐘已騎進了南澳。

南澳小憩的車友們

建華冰店黃底藍字的側面招牌，在藍色天空下的街道很顯眼，我們各自點了冰，為了答謝情侶檔及葉哲一起幫忙修補內胎，我請他們三人吃冰。大家也聊起接下來行程的安排。

「我們四個人會在這裡的車站搭火車進花蓮，然後在那裡住一晚。」情侶檔的男生說。

「我今天要騎到花蓮。」葉哲接著說。

「我也是要騎到花蓮，你花蓮要住哪？」我問。

「還沒找耶。」問葉哲要不要住我預訂的背包客棧Sleeping boots，他說好，我立刻打電話詢問床位。

「我要入宿的這間Sleeping boots有床位，幫你預訂了，電話跟住址你記一下。」

「謝謝。」

「不用客氣，修腳踏車的事才要謝謝你！」

六個人吃完冰後到冰店老闆介紹的腳踏車店，我想再整理一下腳踏車。

「這內胎放進外胎，放得不是很好。」車行老闆重新抽出後輪內胎進行調整，邊處理邊說。

葉哲認真盯著處理過程，還問老闆一些換內胎的眉角，另一位女學生換了條剎車線，大家的車基本上都讓老闆檢查了一下。

逢甲大學的四人車友要在南澳等台鐵列車班次，我與葉哲準備騎往花蓮。

「再見！加油！」我們互相說。

與葉哲一起在南澳站附近的平交道等候列車通過，一列普悠瑪號往花蓮方向開去。我心裡想因為裝備多會騎得慢，也會常常停下來拍照就不一起騎了。

「你應該會騎得比較快，我們約在花蓮和平的7-11等如何？」查了一下手機地圖說。

「好喔！」

葉哲站起身子，驅動黑白藍相間的彎把公路車，加快速度往前騎去。

下到白來分的第三個爬坡

下午三點十七分過南澳橋後，緊接著是第三段的大爬坡，當騎過某個彎道時期待接下來至少是平坦道路，但過彎後的坡度再來一個升高，跟前兩段爬坡一個樣，有山巒交疊的風景、筆直行道樹與電線杆同列的徑道，有臨海的壯闊，還有路旁的小山澗。

爬坡時想起了三義附近加油站的中油先生，再次深刻體驗車輪與道路，兩者摩擦力的重要性。小彎道的水井橋是本段的最高點，海拔標高兩百二十五公尺，啊，約是高雄世貿大樓的高度，通過這裡就是一路下坡到漢本了。

漢本車站前有顆大石，上面鐫刻「百里分」紅字，右下有顆較小的石頭，一樣以紅字鐫刻了漢本地名的由來。從清代總督羅大春開闢蘇澳到花蓮港的臨海道路談起，文中說道路長一百里，到此分前後各約五十里，此地居中而取名百里分。之後日本時代拓寬蘇花公路，說漢本剛好在道路中心點，將路分為兩半，日語叫半分，發音為ハンブン音似漢本，北迴鐵路在此設站後，以漢本做為站名。

文章有幾處問題，首先羅大春的官名為提督，而羅大春所寫《台灣海防並開山日記》，記錄本段道路為兩百里，當然以公里換算約一百公里左右，而文中用里為單位，是不是用兩百里會較符合敘述，提到的日文半分ハンブン，也引起我的興趣。

日本時代一位著名鳥瞰圖繪師，叫做吉田初三郎，其中有一幅作品為《大太魯閣交通鳥瞰圖》，主要繪製了從蘇澳到花蓮的臨海道路及觀光景點，但在大濁水溪北岸一帶，找不到標示為半分或ハンブン的地名，但是有看到ベレフン的地名。

另有說法為古時泰雅族人稱此地為blihun或balihun，意思是門，而日本人則以此譯為ベレフン即白來分的讀音，這樣的話就與漢本車站的記述大不相同了。但漢本其實也相當接近蘇花公路的中間，總之從蘇澳到花蓮市的路也騎了半分。

通過漢本車站後沿大濁水溪北岸騎，可見南岸和平火力發電廠，大煙囪矗立在溪口。大約騎十分鐘後進入澳花隧道，一分多鐘就看見明亮的出口，一出隧道口順著左彎過大濁水橋，進入花蓮的北界秀林和平！

稱爲星星的光的旅行者，都相會亞伯拉罕與我

與葉哲約的7-11，招牌及商店很顯眼，在店內休息的他說半小時前就到此了。冬季天色暗得快，想要早一點騎到花蓮，下午五點多傍晚的天空是薄薄雲霧暮光，我買瓶運動飲料後，兩人隨即出發，騎一小段路看到左側的台灣水泥和平廠，巨大高聳的廠房，圓庫及鋼鐵樑架接連著輸送系統，視覺上散發一股蒸氣龐克的工業感，停下來用手機拍了幾張廠區樣子，葉哲也跟著拍。

「男人就該拍一下這個！」我說。

「是啊。」他抬頭看廠房回應。

經過和平車站時，葉哲說他要先騎，我點了一下頭，他站起身子快速騎進前方一個彎道，我稍後也騎進彎道，但已沒看到他了。到和平隧道口前時，天色已完全暗下來了，隧道裡的燈光很明亮，出隧道後的路沒有路燈。

道路暗到僅能用微亮的車頭燈，照亮道路右側的白線小心騎，左側是漆黑的崖邊海岸，只聽的到海浪陣陣轟隆。我屏著氣息緩慢的騎，直到再進一個隧道，隧道內雙向道路都很狹小，有貨車從我旁邊經過，心裡想著貨車司機請小心開，務必注意一下與我的距離。

這一段和平到新城的清水斷崖公路，在沒有路燈的海崖公路及多個狹小的長隧道，一段又一段交替著，有時對面來車的大燈照出一陣眩光，都得先停下來等車通過，才能看清路況再騎。路上真的太危險了，我邊騎邊禱告謹慎前進。

緩騎在暗夜中的清水斷崖，風景什麼也看不著，精神緊繃的狀態下，仍在浪花響聲中感受山壁切入太平洋的磅薄壯麗，在橫跨卡那剛溪沒路燈的橋上，自然地停下腳踏車，放鬆歇息在滿天繁星圍繞的夜空裡。獵戶座的三連星、冬季大三角非常明亮，眾多星星們及連綿銀河構成的星海，搭著夜浪聲看著真教人著迷。

每顆星星的光，都是旅行者，速度從個位數到千為計算的光年，一秒的光可以跑近三十萬公里，〇．〇〇四秒就可以環島台灣一圈，而一光年約是九兆四千六百億公里，這是九四六後面加一串十個〇，很難想像的公里數啊，更何況是三百六十五天光年的加乘。

即使如此，每顆星星的光，依然在此刻旅行到這裡與我相會，站在宇宙大空裡，懸浮地球上島嶼的我，在超過所能想像的、廣大到以光年為單位的宇宙之中，感覺到自己的渺小及造物者的偉大，神的朋友亞伯拉罕也曾看著這數不盡星星的夜空，還有無盡的海沙，相信上帝所給予的應許。

在星空夜浪中再度騎上腳踏車，路途依然驚險，但心裡多了平安，過了一個個隧道及相連公路，進入本段最長的匯德隧道，入口標示一千四百六十公尺，在隧道裡騎了感覺很久的六、七分鐘。出隧道沒一、兩分鐘再進入崇德隧道，這是蘇花公路南邊最後一個隧道，只有三百二十五公尺，終於來到有路燈的崇德車站附近，再往前騎至達基力部落的中油，停在旁邊一間圓塔碉樓造型的7-11休息。

哲學、商業、茶葉蛋

專注看著7-11電鍋裡熱滾的茶葉蛋們，挑一顆蛋殼有些微裂痕，應該有滷到入味的茶葉蛋至櫃台結帳，在邊桌上小心翼翼剝開蛋殼，色澤還不錯，突然想起有句話同時也是一本書的書名叫《人生就像茶葉蛋，有裂痕才入味》，意思淺顯明白，裂痕代表挫折、傷痛，是茶滷包中香料入味的必須。

只是茶葉蛋的製作，為何不要煮熟直接剝開成白煮蛋來滷製，這樣不是更入味，所以裂痕有需要嗎？不過，直接用白煮蛋滷成茶葉蛋，便利商店的那鍋蛋在客人夾來夾去的擾動，情況可以想像，所以連同蛋殼直接煮可以保護茶葉蛋商品，而且又省去剝蛋殼的成本。

在便利商店的茶葉蛋們，不得已只好承受著裂痕，順便鼓勵一些人說有裂痕才入味的雞湯名言。兩、三口吃完這顆茶葉蛋並喝上半瓶水，開啟手機地圖，確認進花蓮市中心的路。

走出商店，夜的顏色多了路燈，氣溫感覺又冷了些，戴手套的雙手稍微交互磨了一下，繼續騎往今晚的花蓮旅宿點。在太魯閣大橋上，不管立霧溪入海那端或山脈那端都黑矇矇的。公路橋的燈光照亮橋梁路面，穿越大橋一座再一座的弧形大鋼拱，雙邊一副副交叉的鋼索，交織出行車速度感。夜裡依然冷風吹襲，進入花蓮的新城，順著標示花蓮19、壽豐29、台東一九五的三塊台9線綠色路牌的方向加緊騎著。

九點三十二分抵達Sleeping boots，清秀男小管家跟我介紹民宿設施後，我問是否有一位中國留學生來入住。

「有喔，他八點左右就到了。」

之後問附近自助洗衣店的位置，回通鋪房間整理要洗的衣物。走路往洗衣店路上，遠遠看見葉哲走來，他剛洗完衣服要回去睡覺。

「明天要騎到哪裡？」順口問一下。

「要騎到台東市，要趕快完成環島然後回中國過年。」他精神還不錯地說。

從輔仁大學出發的他，還要騎回台北才是環島完成。衣物洗好烘乾，回民宿沖了熱水澡後，騎腳踏車出門吃宵夜。

一首川柳裡的豆皮壽司

王將壽司的小發財攤車停在藥妝店的騎樓，攤車上方有十多塊的木製牌子，每塊都寫上讓人想一嘗的菜色，車斗有食材玻璃櫥、吧台及置於台前的塑膠椅，騎樓下也有桌椅，這是溫暖攤車版的深夜食堂！點上一盤豆皮壽司與海苔壽司、玉子燒及味噌湯。先端來的是豆皮壽司，豆皮壽司又稱為稻荷壽司，有一日本川柳寫道：

「筷夾稻荷壽司 一山又一山」

盤裡豆皮壽司正好三顆，今天蘇花公路也爬了三座山的模樣呢。

宵夜後回程經過花蓮港教會，小圓頂上的紅光十字架，明顯的在午夜街道。教會可以追溯到一八九〇年，稱為馬偕的偕叡理牧師，由蘇澳搭乘小舟到花蓮港開始這裡福音事工。進入日本時代傳道者也陸續到此，之後在現址建立木造尖塔的禮拜堂。戰後的一次地震教會建築嚴重損毀，一九六一年重建為現在的樣貌。教會基於在地百年以上的歷史，依然承續著花蓮的舊名「花蓮港」為教會之名，看著尖拱大門上方，花蓮港教會五個字，感動這間教會所留下的歷史記憶。

民宿小客廳裡，三位金髮外國男人在聊天，淡黃立燈照亮另一邊的木頭小桌，我在小桌記錄日帳，研究花蓮往台東池上的道路。手機上2D的道路地圖，現實的情況是如何，應該還有要奮力騎的上坡吧，我想著居然小笑了。

在下鋪床入睡前回想這一天行程，從蘇澳協同教會自己讀經禱告開始，騎往蘇花公路第一個大爬坡，下坡路抵達東澳，第二個大爬坡到新澳隧道口與車友們合照，然後隧道內破後胎，出隧道後車友們幫助修理，下坡路抵達南澳並吃冰，然後第三個大爬坡在下坡路到花蓮和平，再來是暗夜中的清水斷崖路段，隧道很多路很驚險，啊，但途中的星空銀河是如此閃亮美麗，出崇德隧道有路燈了，過太魯閣大橋挺進新城再騎到花蓮市，洗衣完剛剛吃完壽司宵夜。我默禱著，特別感謝神這一天的保護，讓我平安抵達花蓮。而此刻在大房間裡，滿滿室友們的鼾聲中，身子的疲累帶我進入某個夢境裡。

Chapter 07

一九三縣道與池上便當

古老的巨人們

出發前拍了幾張一樓的交誼廳，明明是同一個空間，早上與夜晚是兩個樣子，光線的緣故吧。幾個金褐髮色的外國人都上了背包，行李箱也都在一旁準備出發。葉哲的車在交誼廳，還在睡吧。

騎經花蓮酒廠的舊辦公廳，早晨陽光將辦公廳的雨淋板抹了層金黃，壯碩的警衛在廣場舉起雙手打了個大哈欠。早上七點五十四分，酒廠隔著仁愛街對面兩層樓的木三鐵店，以斑駁雨淋板外牆與鐵皮屋頂之姿靜佇街口。沿中華路往吉安方向前進，吉安街道的樣子與西部大多城市相同，連續透天店鋪住宅上，中文或英文招牌滿布，但空氣呼吸起來與西部不同，多了份廣闊自然。

公路連結著荳蘭橋，橋的另一端麥當勞黃色流線那塊M字招牌，高立在八樓頂的大樓上，代代居住於此的阿美族人，或許有人看到這個M字招牌時，會想起族名英譯Amis裡也有個M呢。阿美族的稱呼是南邊卑南族取的，意思很單純是北方，阿美族自稱為「邦查」，是人或同族的意思，而荳蘭是阿美族的一個部落名字。

據傳古時候這一帶有很多的胡頹子樹，胡頹子樹族語叫太魯魯安，漢人之後譯為荳蘭，也用於稱呼這一帶為荳蘭社。荳蘭橋下的吉安溪，水流夾道於兩旁綠草溪床中。遠方群山層疊的中央山脈，是一個個古老的巨人，山頂上的白雲一字排開，為巨人們戴上相連的帽子，東方海面來的旭光，使群山巨人身上的綠，更加的發亮青翠。

距荳蘭橋騎不到兩分鐘到達宜昌郵局，進去購買一只便利紙箱，現場整理馬鞍袋及背包裡的幾件衣服、書本等物品，裝箱約二・八公斤寄回台南。昨天週日郵局都沒營業，還多載這二・八公斤騎了三個大爬坡。從郵局再騎上腳踏車，踩踏輕鬆許多，車速也更快了。

腳踏車環島的旅途，尤其是冬季裝備一定比較重，因為禦寒外套及換洗衣褲少不了。個人清潔衛生品與不時之需的東西，一件就是一件的重量。後來發覺民宿大多有洗衣機，換洗的衣物是不用多帶。但出發前帶上的幾本書，原是為了住宿排遣時間可以看，這幾天下來晚上抵達住宿處，不是去街上晃晃、研究行程然後累得睡著，哪有空看書，這次又寄回一本，只留聖經在背包裡。

直騎過了田埔天主堂後，繼續往西邊方向，迎來山景愈來愈近的郊野，路經慶修院接台9丙線，也就是吉安路二段。這一帶是日本時代的吉野移民村，村落是日本人當時從本土來此開墾的。而慶修院是村裡傳統信仰之處，原名吉野布教所。

吉野布教所屬真言宗，空海為開創的僧侶。這位日本平安時期的佛教宗師有許多傳說軼事，其中一件是關於平假名的發明。曾在唐國留學的空海，後來以漢字草書或梵文創造出平假名。但平假名是否為空海所創，引起質疑及廣泛討論。有研究指出，平假名出現於更早的奈良時期，是貴族婦女們使用的女文字，長期演變成現今的樣子，當時漢字則稱為男文字。

手機地圖顯示到吉安路六段時，可以轉進台9線到壽豐，準備到那裡的豐田移民村看看。到吉安路六段一處彎道，依路標進入鐵道橋及公路橋下方涵洞再右轉，這邊路有點亂，但也順利騎上台9線的花東縱谷公路。

鐵道橋的柴聯車與飯糰早餐

在木瓜溪橋邊上，溪床一大片沙土礫石，枯水期間溪水細細流著，西邊遠處是山巒谷間，近一點是與橋平行的鐵道橋，我很自然地向神禱告，期待看到列車通過鐵道橋的風景。等了兩、三分鐘後，一列DR3000柴聯車由南邊開來往花蓮方向，趕緊用手機拍下來，神知道我這時會禱告這件事吧。

「感謝神。」臉龐笑著說。

大馬路上車輛不多，綠草地行道樹列在兩側，直騎沒多久道路兩旁出現透天厝連棟，一棟兩層高透天厝，一小塊紅底側招牌寫有飯糰的白色POP手寫字，這提醒我還沒吃早餐。騎樓下的木製攤車，上面有白直條、棕紅搭配藍直條配色的遮陽帆布，台前列出多種口味飯糰及紅茶奶茶飲料品項，帆布下銀藍金蔥條的聖誕圈，纏著亮亮小球、麋鹿與聖誕老人玩偶，在聖誕節過後依然裝飾著攤車。

「老闆，請做一個海苔飯糰，還有一杯紅茶。」

「要白米或紫米？紅茶是冰的可以嗎？」老闆接著問。

「我要紫米，紅茶冰的可以。」

「好喔，現做請等一下！」老闆夫婦兩人分工，老闆娘去後面冰箱拿紅茶，老闆在攤車調理台鋪飯上料，熟練的捏製。

拿到飯糰紅茶付錢後，問老闆可以在這邊吃嗎？

「沒問題，我拿張椅子給你坐。」

坐在木製攤車邊，立刻打開包裝吃上熱騰騰飯糰。老闆夫婦跟我聊上，知道我在環島，熱心說明到豐田移民村及鳳林菸樓的路線。

「看完鳳林菸樓，你一定要騎一段一九三縣道，那段路有點繞，但風景很棒，很值得，坡度也還好！」老闆表情是一副你不會後悔的建議著，在他真情的語調間決定到鳳林後，轉騎一段這條縣道。

移民村的音樂會

順著手機地圖所標示的豐田，沿著路直直騎約半個小時，右邊有間前有庭院、被綠木環繞的日式平房，是一間叫禾田野的咖啡店，以為到了豐田移民村，進入店裡問村落的資訊。

「豐田移民村？你要找的地方應該是豐裡吧。」咖啡店女孩說。

「謝謝，我再找一下。」

重新看了地圖，台9線往南不遠，左轉豐正路就是豐裡、豐坪，這一帶才是日本時代的豐田

移民村。稍微繞一下後發現這一區的道路是格狀系統，低矮房舍與農田交互座落，中山路邊的神明鳥居放上碧蓮寺三字。

鳥居道路前方有石燈籠參道，一旁樹木下，有大石頭鐫刻「昭和十七年六月開村三十周年紀念 台灣總督長谷川清書」。昭和十七年是一九四二年，也是太平洋戰爭初期。三年後戰爭結束，日本移民被迫離開想要在此一輩子生活、子子孫孫繁衍的村落。

騎經路旁的雜貨店擺著飲料玻璃櫃，裡面掛著一串包包外裝鮮豔的零食。梯形陳列架上一個個紅、黃圓蓋透明塑膠桶，裡面裝著糖果巧克力。來到壽豐文史館，這是棟有挑高迴廊的日式大屋，屋外有綠草坪、樹木，一派雅緻的文史館，原是豐田警察官吏派出所。

路上很安靜，風的聲音、腳踏車的鏈條傳動聲都聽得很清楚，移民村的範圍比想像中大得多，騎往豐田車站方向時，繞到附近日式木屋的豐田文史館，屋子有草坪與數棵綠樹環繞，後院隔小道路望去有一大片油菜花田，稍遠處有幾棟房子夾雜樹群，再後面就是中央山脈群山及晴天的白厚積雲。

路邊一位大姊應該是看我旅行到此，用當地人的熱情介紹幾處村裡的景點，正想還要趕路，時間該注意一下，但大姊說到了豐田繪本館，「繪本館」三字實在是太吸引我了，好吧！去看看吧！豐田繪本館也是日式木屋，門雖沒開，周圍一樣悠閒，屋旁大樹的樹身做了鐵製平台，有樓梯可以上樹。

清澈小圳加上四圍花田稻秧，今天煦陽和風下，這繪本館就是某本繪本裡的圖畫，但還要趕路，在這只能悠悠待上五分鐘。小圳的流水嚕嚕聲、縱谷的輕風呼呼聲，而風也讓花田稻秧、樹葉搖曳出沙沙聲，加上梢間林野的鳥鳴，在樹蔭下聽著豐田村裡，一場在繪本館旁的音樂會。

白鷺鷥斜張橋

再度騎上台9線往南，通過溪口村不久，來到新豐平大橋前停紅燈，右邊一顆白色大石鐫刻「壽豐溪」，橋面微微緩升，端點的斜張橋塔又直又高，綠燈亮起踩上踏板後，立即切換低速檔上橋，橋身上三座橋塔左右拉起斜張鋼索，展示力學純粹的美麗。

近代第一座斜張橋出現在二戰後一九五五年，是德國人在瑞典所設計的斯特倫松德橋。台灣在二十六年後改建日本人蓋的昭和橋，成為這島國的第一座斜張橋。橋梁橫跨新店溪連結板橋與萬華，當時改名叫光復橋。台灣東部的第一座斜張橋直到二十一世紀才出現，就是完工於二〇一二年的這座新豐平大橋。

回到斜張橋系譜的頂端，出現於十七世紀初。那時遠在東方的台灣，有林道乾、顏思齊、李旦、鄭芝龍等海盜的勢力更迭，荷蘭人在安平大員建起熱蘭遮城，在充滿冒險發現的大航海時代裡，威尼斯人Verantius用斜拉鐵鍊支撐橋梁成為斜張橋的雛形，開啟橋梁的新型態影響至今。

新豐平大橋的設計，以兩隻白鷺鷥相對交頸作為塔柱，三支塔柱以斜張索展開如翅膀形成意象。通過這六隻站立在壽豐溪的巨型白鷺鷥，面著南方天空，太陽照著發亮的近處雲朵，十二點五十四分騎進鳳林。

菸樓群像

鳳林街路的空氣中，漫著週一午後的安靜，沿中華路在透天厝及綠樹道路裡，騎到校長夢工廠的日本木屋，這裡曾經作為鳳林國中的校長宿舍，校長宿舍之前是日本時代的鳳林支廳長官官舍，在斜對面水果攤買香蕉，邊吃邊用手機看鎮上菸樓的介紹：菸樓分為廣島式及大阪式，廣島式是屋頂本灶上直接開設氣窗，大阪式則是屋頂本灶上建有塔樓氣窗，鳳林較完整的四棟菸樓都是大阪式的。

十字街口的徐家興菸樓，像極了童話小屋，深咖啡色木條外露搭上白色牆面，毗鄰的是余相來菸樓，屋廊上的瓦布滿了青苔，日本人稱作越屋根的塔樓又稱太子樓。立於青苔斜瓦之上，距離這裡北面近兩公里，還有兩棟菸樓。途中經過存有台基的林田神社後，很快找到廖快菸樓拍照。接下來在田野小徑裡找到林金成菸樓，這棟菸樓位於田野空曠處，小院子狗吠聲不斷，菸樓東邊遠景是海岸山脈，山那邊雲霧

瀰漫。

日本移民在林田村的開墾生活起初相當困苦，在種植有綠金之稱的菸草後，這種農作物成為村落裡重要的經濟來源，一直到日本人離開的戰後仍是如此。台灣開放洋菸進口的時間點，預告了菸葉農村的沒落，加速這情況的還有社會推動的拒菸運動。

再來政府的菸農廢耕轉業，這都讓菸田風光、家家在菸樓燻製菸葉等情境慢慢消失，只是這幾棟菸樓上的氣窗塔樓，安靜挺立傳達一段綠金繁榮史。記錄完四棟菸樓，緊接著騎往東邊的箭瑛大橋。

飯糰店老闆說的一九三縣道

過橋來到花蓮溪的東岸，右轉騎進飯糰店老闆說的一九三縣道，這是條以綠草、綠樹為景的柏油路小徑。一處丘陵的油菜花田，六個稻草人在花叢裡，有的穿著休閒運動服；有的穿藏青長袖衣；有的雙臂伸平或傾斜。其中，有個戴斗笠、穿長袖針織衣的稻草人特別搞怪，左手垂放右手高高舉起，一副向人打招呼樣。

小徑有不少彎道，有些彎道一過彎，立刻就來個陡上坡，陡到要下車用牽的走一小段。暗灰的厚雲密布在西南向天空，陽光從密雲的縫隙裡迸出，如奇蹟之光照耀遠山林野。在阿美族Cilangasan部落學校道路對面，田地後方成排的檳榔樹，背景是雲霧瀰漫的連峯遠山。田裡有二十幾隻白鷺鷥，有的看向遠遠的方向、有的低頭往田裡或積水窪地覓食。一會兒，約一半白鷺鷥全振動起輕盈的雙翅，飛到相連另一個田裡。

路途經過蔬菜田，一位戴棕色牛仔帽、穿灰藍長袖衫及深藍長褲，體格壯碩的阿美族人，使用長鋤整理田地。

「嗨！你好！」我停車向他喊。

「喔！你好！」他向我揮手回答。

「我可以拍一張你與這裡的照片嗎？」順口就問了，他沒回答，但自然握住長鋤頂端，輕瞇眼不帶做作的微笑站好姿勢，他的微笑與這片在丘陵旁蔬菜田實在非常合拍，我也帶著微笑拍下他。

騎到東富田橋前，橋旁邊的廣場立著一根約三樓高的圓柱，頂端有太巴塱三字，雕刻著原住民人像及紋飾圖騰，底下還刻有螃蟹。相傳此地早期有許多白螃蟹，太巴塱在阿美族語即是白螃蟹。

從東富田橋轉出一九三縣道，由台11甲線經太巴塱部落，因為要趕路，計畫接台9線往瑞穗、台東池上。騎在部落裡，道路兩旁是一棟棟透天厝及鐵皮頂平房，街道多處有綠木植栽，水泥電線杆上的電線則交織在疊雲天空下。

看到一座方錐尖塔上高高立起十字架，這是部落的太巴塱教會，對面一棟兩層的平屋頂透天，前方是水泥地庭園，庭園欄杆後有木板刻上幾個大字「嗨嘿哇招待所」。好奇這個「嗨嘿哇（hayhiwa）」的意思，問了在教會裡一位阿美族的女孩，說是阿美族太巴塱部落常用的語尾詞。

當談話聊天時，認同對方所說的時候常會用到，為「是啊」、「是喔」的意思，而「嗨嘿哇」發音是太巴塱部落特有的，大部分阿美族部落是唸成「嘿哇」也是同一個意思。那照這樣翻譯，這裡叫「是啊招待所」！

「嗨——嘿哇——、嗨嘿——哇——」看木板皺眉頭拗口唸了

兩次。

「嗨嘿哇！」阿美族的女孩流利接著唸一次。

小發財車的今川燒

過馬太鞍橋又來到花蓮溪西岸，在中正路一段、林森路的Y字路口附近，一台小發財車吸引我停下。頭家的雙手在車斗的鐵製圓盤上工作，在圓盤上一個個小圓洞裡，熟練倒入米黃色麵糊後，等待一會兒放入餡料，再翻烤車輪餅。車斗棚架下除了圓烤盤，一旁還有方型鍋具，裡面滷汁中浸泡著茶葉蛋。點了兩顆奶油口味的車輪餅加一顆茶葉蛋，咬一口奶油車輪餅，發現餅皮烤得很脆，奶油餡甜度、分量與餅皮融合得恰到好處，心裡直接反應四個字：真——是——好——吃——。

「頭家，這是我吃過的車輪餅裡，數一數二好吃的！」

「你太誇張了啊。」身材精實的頭家以淺淺笑容說。

我確定不是騎到有點餓，才產生好吃的情感。這小發財頭家烤車輪餅的工夫，真的了得，茶葉蛋也很入味好吃。

車輪餅有著許多別名，大判燒、二重燒、太鼓饅頭等，最廣為流傳的原名是「今川燒」。日本安永年間，這種和菓子因在江戶今川橋附近販賣而取名今川燒。東京現在已不復見江戶時代的今川橋，但有一幅大型繪卷〈熈代勝覽〉，在橫一二三二．二公分、縱四三．七公分範圍裡，繪製江戶時代從日本橋到今川橋間的常民風景，可以讓人們一探車輪餅發源地的情境。

繪卷裡有八十八間店鋪，描繪一千六百七十一個人物，還有狗、馬、牛車、被飼養猴子及老鷹。日本橋上人車熙攘，富士山在日本橋上方遠景，街道裡的商賣活動熱絡，木頭建造的今川橋邊，兩層土藏造店鋪一間接著一間，或者販賣今川燒的店鋪隱藏於畫作中呢。

坡道小徑中的掃叭石柱

來到光復糖廠的7-11休息，順道拍了幾張糖廠木造宿舍照片。灰色雲層滿布厚重，使下午四點的天色又明顯暗了些，趕路的心催促我出發。在台9線上加快速度騎。

進入瑞穗舞鶴前，遠遠就看見舞鶴陸橋的小爬坡，騎上緩升坡道前，已將車速降為低速檔，過紅葉溪的紅葉溪橋，緩慢地爬升一個之字形上坡道路。車輛一部部輕鬆超越，一樣是上坡，車子只用腳施點小力踩油門，騎腳踏車的是用上全身肌力，以戰鬥之姿前進。

通過一處髮夾大彎的上升路段，出現在視線前方仍然是上升的彎道，開始數著右邊的路燈，第三根的路燈是頂端。上到頂端依然是緩升彎道，右邊有一條小路立著指示牌標示著「掃叭石柱」。看手機地圖這是條穿越彎道的捷徑，騎進小路經過檳榔樹小林地，右側可俯瞰剛剛騎過的紅葉溪。不久左前方有個樹木半環的綠草坪，當中有木造涼亭及棧道，巨大的兩根石柱一長一短直立在其中，在久遠感的氣氛待了幾分鐘拍石柱照片，匆匆騎上車趕路。

掃叭在阿美語原意是木板，傳說現在遺留的兩根巨石立柱有個天梯說。天上下凡的福通帶著地上的妻子撒韻，準備登天梯回去。福通告訴撒韻登天梯不可以發出聲音，但中途撒韻因疲累不小心嘆了一口氣，天梯便斷裂掉落於地。上半截成為現在的掃叭石柱，下半截據說在花蓮的花崗山，目前不知去處。

再一個傳說是掃叭石柱為遠古房屋的構件。阿美族遠祖的一對兄妹，為了躲避洪水乘上豬槽，漂流到某個山頂，之後因為蛇多及耕地不足，一再遷徙而落腳於此定居，而巨石立柱是當時建造屋子所留下的遺跡。而這個傳說讓人聯想起記載於聖經中，創世紀的人物挪亞，那廣為人知方舟與大洪水的故事。

到達舞鶴台地的北回歸線標誌公園，一邊看去下方是剛剛奮力爬坡的道路，俯瞰遠方車燈、路燈成為一條連續光線流之道。北回歸線標誌碑前稍作休息，往西望去是中央山脈暗闇群峰。山遠遠的另一邊，也是有北回歸線標誌碑的嘉義水上。看了左手腕的錶，下午五點四十一分，在東部準備往南通過北回歸線。

大介在池上旅行時吃的便當

騎太慢可吃不到池上便當，舞鶴距離池上還有五十公里，為了池上便當，整個人湧出力量，提高檔速奮力地踩著又踩著。騎過密林山路的彎道，縱谷公路兩旁的漆黑稻田，一路上就只有我騎腳踏車。過太平溪橋後，停在路邊休息，取出馬鞍袋裡的蘋果吃，公路上安靜到連啃蘋果的聲音都聲響清脆，只有兩、三輛車疾駛而過。暗夜中通過玉里，在上玉里大橋前，路標顯示池上還有二十六公里。

加油，池上便當請等著，我更加足力氣以最大速度疾馳，在露出幾顆星星的夜裡，騎在路燈與腳踏車頭燈所照亮的縱谷公路，池上米的飯香，催促我奮力一圈一圈快速地踩。

池上車站前的全美行還開著門亮著燈，木頭招牌的三個金色字好耀眼啊。鎖好車，慢慢走入店內，現在八點半準備休息的樣子。

「老闆，還有便當嗎？」有點累又期待的問。

「你要幾個？」

「一個這邊吃。」

老闆從櫃台叫廚房裡邊的員工做一個。

「那邊還有湯可以自己舀。」老闆指著一旁的大鍋子說。

盛好湯，在大圓桌坐下，另一桌有年輕夫婦跟小兒子還在吃。一會兒廚房員工媽媽，將包好的飯盒拿給我，熱呼呼木製飯盒，上方有淡黃色底及紅色蒸氣火車、全美行文字圖案，一整個懷舊風的飯盒包裝，兩條橡皮筋將飯盒束了個菱形。我默默地禱告，感謝神保護我並賜予今日的晚餐。

打開飯盒，配菜們很有誠意的覆滿在白飯上，以半顆滷蛋為中心，依順時針八點鐘方向開始，有炒高麗菜、醃蘿蔔及香腸切片、醬瓜及薑片；來到十二點鐘有長雞卷，再接著滷叉燒及烤叉燒、柴魚鬆，最後是六點鐘的紅燒肉，每一樣配菜都很入味，搭著一口一口的池上米飯，好吃到自己偷笑。

漫畫《鐵路便當之旅——台灣＋沖繩篇》中，日本鬍子大叔大介與台灣姊妹瑤瑤及妹妹旅行到此，大介在自強號車上吃到池上的白米飯，直接說：「好——好吃啊！」還說這即使在日本，也是相當好吃的米。是的！我非常能體會作者在池上取材時，當下吃到這款便當的心情。

吉他和弦中的〈我要向高山舉目〉

滿足的晚飯後，想到還沒有找休息處，雖然上網查一下也行，想說先問老闆好了，老闆很熱心給我幾間民宿的地點及住宿費用。在網路上查到老闆說到的古園民宿電話，撥過去嘟了好幾聲接通，傳來一個女人的聲音，聽來有三十歲的感覺吧，我直接問訂床位的事。

「有喔，今天有床位，但我現在不在店裡，我會交代我兒子接待你。」

民宿騎個六、七分鐘就到了，是三層高十棟樣子相同販厝中的一棟，位置在南側的邊間棟。騎樓只開小鐵捲門，裡面亮著暖黃燈光，老闆娘國中年紀的兒子在店裡等我。民宿一樓是咖啡店，店裡有木製吧台，後面有放置小物、杯子的木方格櫃，圓桌、幾張靠背椅，牆邊擺了把尼龍弦木吉他。

將腳踏車鎖好在外側小工具間，老闆娘的兒子帶我上二樓告訴我浴室及房間位置，房間蠻大的有兩座鐵製上下鋪，角落有辦公桌椅。

「今晚有沒有其他人住？」背包放好在一張下鋪床後順口問。

「沒有，今晚只有你一個客人。」老闆娘的兒子靦腆輕聲回答。

「這裡有洗衣機嗎？」

「有喔，在樓上後面大陽台，我帶你去順便教你用。」

說明洗衣機用法後，我拿出住宿錢給他。

「謝謝，晚安。」他一樣靦腆輕聲說。

「嗯，謝謝你，晚安。」

在大陽台晾清洗好的隨身衣物、車褲、手套及襪子，晚上十一點多的風咻——咻——強勁吹襲，想起兩天前在蘇澳民宿，一樣在陽台晾衣物時午夜的風，不過那晚風比較冷。

洗澡完，在房間裡整理日帳、行程日誌及明天路線資訊，突然想到咖啡店的木吉他。一樓燈沒關，我拿起木吉他，稍微調了音，按下G和弦唱起：

「我要向高山舉目，我的幫助從何而來，我的幫助從造天地的耶和華而來……」邊唱邊想著這位看不見的神，旅途中給我的幫助、保護，還有舒心的平安與喜樂。

睡前設定八點二十分的手機鬧鈴，花蓮到吉安，路上吃了飯糰之後去豐田移民村，那裡的油菜花田與繪本館風景很棒啊！再來是鳳林及鎮上的菸樓，騎進很讚的一九三縣道，有稻草人、白鷺鷥及一片片農田。經過太巴塱，好吃的小發財奶油車輪餅。從光復到舞鶴，彎道旁小路的掃叭石柱，縱谷的北回歸線碑，一大段為了吃到池上便當而趕路的夜騎。謝飯禱告後吃到美味的池上便當，此時在民宿下舖床緩緩睡著。

Chapter 08

南王的月形石柱

單點透視的簡單美景

之前並不知道伯朗大道在池上，是九點十二分出發後，在民宿前方十字路口確認道路時當下，在手機地圖裡沿著池富道路看到的，而且距離只有三公里。天空薄薄雲霧，矇曨了海岸山脈的群山。氣溫有些寒冷，池富道路兩邊是廣域的農田，兩座高高巨大的鐵塔基地台在田地矗立，直立的電線桿與路燈，一根根沿道路重覆到不遠處的小山巒。

進入錦園村，慢騎在水泥屋瓦房舍、透天厝屋群及片片綠穢的村落社區裡，依沿路標示轉入伯朗大道。伯朗大道柏油路筆直延伸，路旁樹木邊的木台上，斜佇著大大的白色空畫框供遊客們拍照，一些年輕男女的嘻笑聲、驚呼聲交織在空畫框木台上，他們擺出《JoJo的奇妙冒險》系列中，以空條承太郎、喬魯諾．喬巴拿、東方仗助等動漫人物的奇特姿勢拍照。

可能是週間，早上人潮並不多，遠遠另一端只見一些小小的人群。從寬廣天際下，疊雲滿布山嶺的地平線，兩旁冬季的油菜花田及居中道路，以一點透視大大展開。大地的道路、田地、群山及天空，看著構圖如此簡單的景色，但，如此自由放鬆的美不太需要言詞解釋。

順著伯朗大道可以接上台9線上的池上大橋，騎到後段時，路面從柏油路成了水泥地，路的寬度小了許多，而且旁邊多處是泥濘農地，幸好可以接上池上大橋。騎上大橋通過卑南溪進入關山。這一段路，多處是雙邊行道樹及農田，兩邊山脈層疊地連綿到遠處，在縱谷田野，隨時可詠詩繪畫的風景中，騎抵舊關山車站。

鮑伯短髮女孩

舊關山車站沒有開放，從玻璃門往內看擺放很多腳踏車，車站作為腳踏車租賃處使用。廣場上，有一個穿碎花白色連身裙、白色球鞋、牛仔外套、背上棕色小背包的女孩，蹲著以低角度用相機拍攝車站，之後托了下圓形細框眼鏡、撥了下鮑伯短髮再用手機拍。我也分別用相機及手機，拍了車站正面及側面，順著走到車站後方遮雨棚，女孩也走過來後方，兩人快門聲喀擦、喀擦不斷，記錄著老車站的樣子。

「你也是用SONY-NEX的相機。」鮑伯短髮的女孩語調平實地說。

「嗯。」我看一下她手中粉紅色的SONY-NEX的相機。

「妳拍了很多車站角度還有細節。」

「嗯，是學校報告要用的，順便出來走走。」邊聊邊走回廣場。

「這座車站的多角形屋頂入口很特別。」

「是啊！這個叫復折式加馬薩式的屋頂，接近半圓的五折形狀上方還有小切角，外牆綠色木板是雨淋板，英國式的。」鮑伯短髮女孩專業的說了起來。

「妳懂得真多！」

「沒有啦，是因為要作報告，所以做了一點功課，其實我是第一次來，但我很喜歡木造車站的。」

「我也是第一次來。」

「是喔！」她露出淺笑回答。

原來鮑伯短髮女孩是讀建築系的，大概聊了十多分，她知道我今天預定騎到大武或達仁，她說了些風景很棒的車站，有苗栗海線的新埔站，一出站就可以看到海，平溪線青苔覆瓦的菁桐站等，可以確定鮑伯短髮女孩非常地熱愛鐵道吧，是個不折不扣的「鐵女」。

「再見。」我跨上腳踏車準備出發。

「對了，過鹿野後有一個賓朗車站，你應該會喜歡。」

「檳榔車站？」

「賓——朗——車站！賓客的賓，晴朗的朗！」鮑伯短髮女孩認真說。

「嗯……叫檳榔車站好像也沒錯。」她又輕聲說。

「好的，我會去看看！」

「再見囉。」她戴好粉紅平光安全帽騎上了機車。

「再見。」我雙手輕握車把說。

波斯菊

崁頂溪橋下的溪流河道都是礫石，幾乎看不到水流，一幅渾然天成的枯山水。過橋後公路連結月美陸橋，俯瞰兩旁縱谷農田；左邊稍遠與陸橋平行的高架化鐵道在農田上，這是瞯山站到瑞和站截彎取直後近年的景色；右邊的舊鐵道從瞯山那頭連過來鑽出陸橋下，兩邊灌木叢圍著鐵軌道床，在農田中一個彎往南延伸。

騎過月眉國小，大門與長長圍牆緊臨路旁，圍牆後一棵棵高聳枝葉繁茂的樹，校園是座小森林，圍牆上面繪滿童稚的自然風物。稍往前有棟長型鐵皮屋平房，平房分成五、六間，大部分關上門。第一間是販賣甘蔗的露店，鐵架上立起十多根均高兩公尺的甘蔗，好些年沒痛快地咬過甘蔗了吧。停在露店前，看著已經削好的甘蔗，包在透明塑膠袋裡，好幾包擺放桌上，一包五十元。

「大姊，一包甘蔗我吃不完，可以賣我一根嗎？看怎麼算。」

「可以啊！」甘蔗大姊立刻回答。

穿著紅色白點針織背心、黑色長袖長褲，身材壯壯的大姊，藍色雨鞋踩過地上甘蔗皮，挑了根鐵架上長長的甘蔗，站著將甘蔗夾在左臂腋下，右手用甘蔗刀涮涮涮快速削去外皮，以為大姊是要削五、六十公分為一根賣我，看著皮已經削到快一百公分，才想到大姊認為我說的一根，是均高兩公尺的一根。

「大姊，我說的一根是大約袋裝長度一根。」

「喔，你不是要一整根。」

大姊立刻截下已削好的七、八十公分，再分成兩根給我。

「拍謝，我沒說清楚。」

「無要緊！」甘蔗大姊輕鬆說。

在露店前滿足地啃嚼，望向馬路對面，行道樹後一塊塊拼接整齊的農田，農田後灰色調帶晴的天空及海岸山脈。這甘蔗汁液真是鮮甜，我心裡想。

「謝謝大姊，按呢賣我甘蔗，再見！」

「小代誌啦！再見！」

繼續往南騎過加鹿溪，沒幾分鐘再過加典溪進入鹿野瑞豐村。途中有一處小山丘陵，前方一大片波斯菊花海，電力鐵塔們在花海裡整齊拉起電線。

一四九二年，哥倫布船隊三隻帆船的纜繩一條條好好拉起，意氣風發的張開大帆。船隊由西班牙的港灣城市帕洛斯出發，準備往西航向日本。航行二個月的幾天後，發現了他以為是印度的美洲大陸。

經由這條航路，某個船員在墨西哥，看到一種沒看過的可愛花朵，船員將花朵種子帶回歐洲。花朵在歐洲從花園、郊野及山林漫開，有個波斯人在歐洲，見到這種沒看過的可愛花朵，再把花朵種子帶到中東及中亞。然後可愛花朵繼續到達東亞，因為波斯人，可愛花朵被稱為了波斯菊。

日本人給了這種花一個詩意的別名「秋菊」，台灣也在日本大正時期引進栽植。美洲的波斯菊經過一代代，在大洋、陸路間的漫長旅行，現在也綻放在這片縱

谷中，透白、粉紅、粉紫小花綴滿的綠草田地，在風間輕輕搖曳。

鹿野教會上坡路到濱田隼雄的《南方移民村》

十一點多騎經鹿野車站後，準備進龍田村看看，順著光榮路就一個很陡的上坡道，路上有像洋蔥頂洗石子立面的鹿野教會，洋蔥頂上矗立十字架。因為上坡太陡索性下車用牽的，一步步走上這高地村落。村落西邊有卑南溪，南邊是鹿野溪，在手機地圖裡，龍田村的道路呈方格狀整齊地交列。隨意騎了一下，街道上有些商店、平房及透天厝，但大部分是綠蔭道路及農地。

村裡有棟鹿野庄役所，是棟白色屋身、日本瓦斜屋頂的平房建築。同一條路上還有棟大屋頂的日式老宅，在不遠處原為鹿野小學校的校長宿舍也保留著。龍田村是戰前的日本移民村，當時的村名是鹿野村，作家濱田隼雄以這個村落為藍本，以鹿田村化名寫下小說《南方移民村》。

現今村落中的建物大都是鋼筋水泥或鐵皮增建，這裡已看不出小說裡所描繪日本移民村的場景。濱田隼雄在敘事開始不久，時間設定五月初，記述醫生神野珪介夫婦移居時的交通情況，他們從高雄搭船到台東，再由台東坐了三小時的輕便鐵道手推車，下車後徒步進村落。

入村前的路旁是近三公尺高的甘蔗田，之後夫婦看見村裡茅草葺的房子，勾起兩人在日本的思鄉情懷。時間隨著文字推進，描述了東部猛烈的風災及水災，移民們的辛勤成果被摧毀。加上當地疾病如瘧疾侵擾，一次次打擊下，人們再度堅毅耕作生活，多年後甘蔗的種植慢慢有成果。水圳、庄公所、學校及醫務室一一完成，但這個在製糖會社轄下的私營移民村，村民該如何繼續生活，故事在希望與堅定的結尾，卻又暗示著鹿田村曖昧不明的將來。

我彷彿在街道上看見神野珪介夫婦還有村民們的身影，曾經真實的故事藉著《南方移民村》而存於此地。即使村裡建築物大部分已改變，看著遠方雲朵縈繞的都蘭山，空曠的農田那邊，來了一抹微風輕拂我與我的腳踏車。濱田隼雄在這裡取材構思時，應該也有感受到相同的鹿野之風吧。

橫跨鹿野溪的橋叫鹿鳴橋，之後開始一段低速慢踩的上坡山路，一處高點轉下坡前進到初鹿已十二點多。市區裡一處檳榔店及便利商店，偶然看到一間叫明峰自助餐的店，側邊紅底長招牌上的白字店名很明顯。出發到現在只有喝水、啃甘蔗，決定在這早午餐了。

店裡還蠻壅擠的，不少工人頂著工地帽、短衫、牛仔褲，披上擦汗毛巾來吃飯，也有幾個穿西式套裝的男女白領陸續進來。我夾了麻婆豆腐、海帶、豆鼓苦瓜、炒小白菜還有兩塊滷肉片，加白飯一碗，再盛上湯，隨意在張大圓桌旁坐下，默禱後，剛剛排隊夾菜的白領及工人也先後同桌，在不討厭的吵雜交談聲中，專心算入口飯菜的咀嚼次數，一口至少嚼二十四次吃著。

賓朗車站與點心漫久

吃完早午餐，在自助餐店的騎樓確認台9線往台東市區的路，手機畫面上藍盾牌9的黃色道路，放大後標示為花東縱谷公路，重疊賓朗路、更生北路、更生路連結至台東市區。離開初鹿的公路上，除了農間郊野樣貌，有不少賣釋迦的鐵皮露店。通過太平溪上的檳榔橋，想到鮑伯短髮女孩說到的賓朗車站，停在路邊搜尋車站位置，是在賓朗路的五百一十巷。

過橋沒多久，道路兩旁房屋呈現比鄰密集的樣子，而且檳榔店還不少，不禁聯想是不是檳榔樹很多，所以這地方日本時代叫檳榔樹格，戰後才又諧音改為賓朗。其實這個地名跟檳榔是沒有關係的，此地部落名叫檳榔樹格或下賓朗，原因是日本人將部落名pinaski音譯後而產生的唸法，意思是上坡，車站完成時還取名「日奈敷」，日本發音也與檳榔樹格相近。

來到賓朗車站，這是棟依坡度建為兩層的雨淋板木屋，但車站原是日本人木山村長的屋宅。木山製作一種叫manjyu的和菓子，也就是日本饅頭，當時日奈敷日本饅頭、玉里羊羹、花蓮薯是東線鐵道的三大名產。傳說中叫manjyu的和菓子，被翻譯為漫久，這種點心沒看到這裡在販售，據當地人說漫久是種紅豆餅。

賓朗車站最早的站房說是在一旁水泥屋，在戰爭結束後木山被遣返回日本，木山的屋宅被接收並改為車站，下層作為台鐵宿舍，上層則是售票處及候車室。周邊樹木綠蔭，隨著鐵道東移擴線通車而廢站，後方鐵軌已拆除整理成木條、石塊鋪地的休憩處。車站有如被好好照料的退役員工，退而不休地說上他的身分、名字，轉換在人們的來去之間。

台9線與台9乙線交會的T字路口等綠燈，前方是綠樹隧道，雙排的茄苳樹分別隔出中間雙向的快車道、左右兩邊的慢車道。綠燈後鑽進這條標示為更生北路的十股綠色隧道。在茂密結實的茄苳樹群，枝葉連成圓拱的長隧道，騎了好幾分鐘還在綠隧道裡。

轎車、貨車在中間往來，好幾輛機車從左側超越，身影縮小直到隧道遠端，兩旁的景色是郊野、農園、樹叢，當然還有遠方灰藍山景及天空，是不是自己下意識放慢速度，想在老茄苳樹群裡多待點時間。十多分鐘後騎出茄苳綠隧，才沒兩、三分鐘已經過南王部落的卑南國中，左轉國中旁的文化公園路，要去找之前想一訪的謎之月形石柱！

巨大板岩的月形石柱

月形石柱位置在卑南文化公園內，園區範圍還蠻大的，不經意地到了考古現場的棚架屋。展示區的地上呈現挖掘的樣貌，照著室內解說板，在大量的石塊堆疊中，比對考證後村落屋群的石牆、地板，還有像梯子的長形多槽石板。多槽石板原本是住屋用的梯子，後來也被轉作放養豬的飼料槽。

離開考古現場，走來兩個女高中生，向她們確認月形石柱的位置，依照其中一人指的方向，牽腳踏車走，通過一旁看起來像日本時代所建，外觀為歷史建築級別的王家合院宅邸。

三合院建造者王登科，是日本時代台南學甲人，移居至台東卑南此地發展蔗糖事業，創立國本農場發跡致富。合院的兩護龍前有圍牆大門，形成前埕內院，屋身為棕黃洗石子外牆，山牆頂有兩座山交疊而成的「Yama王」徽章，屋頂覆日本瓦及屋子護龍具特色的大圓窗，外觀有閩南味、日風與些許洋風，當時台灣人對於不同文化元素確實調合出了時代獨到感。

從合院走到一處布滿樹叢的小丘，沿著鋪水泥的上坡小徑，看見板形石柱對著遠方的都蘭山，昂立在圓形木柵欄裡，一旁還有幾塊較小的石板。小丘往東看去，台東車站裡邊的軌道及電杆整齊並列，月台邊停著不鏽鋼黃橘搭色的柴聯車。三千多年前，周圍有多到數不清的石柱被立起在這一帶，共存於卑南平原上來往的人們，有居住於此的，或從事貿易買賣。

建築物更迭著不同的風貌下，石柱們一起經歷時代的變化，在日本時代鳥居龍藏及鹿野忠雄的調查資料，我們看見石柱們的影像及記述，而王家合院後方也有巨大石柱，並留下珍貴的照片。不過在戰前王家已將石柱推倒，之後因土地使用及開發，巨大古老的石柱們，不是被破壞就是被移除，現今小丘上，呈現半圓孔洞的月形石柱和小夥伴石柱幸運在原處被保留下。製成石柱的巨大板岩產於中央山脈，究竟是如何運抵卑南，是使用人力或溪流水力？

還有在此豎立石柱的目的，一說是作為房屋的山牆。學界整合考古資料後，發現石柱群方位皆在北偏東25度至30度間。太陽光線會在冬至直接射入石柱圓洞或夏至逐漸隱沒的現象，所以石柱可能具有觀察年曆作用？讓考古學者有了不會無聊的謎題，思索為何數百公斤到上噸重量的石柱，會被遠古人們立在此地。

看完月形石柱騎出更生北路，往台東市區前進途中，路旁有座叫「巴古瑪旺」的三層原住民建築，語意為地標，形制為竹造干欄式，上覆兩層茅草搭的屋頂。造形上則結合了卑南瞭望塔與少年集會所樣式，雖是仿造的復古建築，卻氣派的以地標之姿立在部落要道。

通過台11乙線的大路口馬上接上更生路，一路上大多是兩到四層的店住透天厝，而位於公東高工內的公東教堂，在更生路上可以看見教堂隱身在校園樹叢後的身影，白色的拉丁十字架立於頂端。停在路旁邊拍照外觀，回想幾個月前預約來此參觀時所見。

公東教堂是一棟複合功能的清水模建築，教堂在四樓，二、三樓是學生宿舍，一樓是工廠，不論是連續垂直條、排水口、迴廊陽台及樓梯，處處展現了現代主義的機能美感。四樓的教堂內，光源自聖壇上方灑下，右側不規則的長方形小開窗，嵌上彩色玻璃敘述耶穌十四苦路情境，透過光影及非對稱的橫梁，彷彿進入某個微光處處的岩穴之中，營造著信仰中的平靜，是瑞士建築師達興登及創校者錫質平神父想傳遞的吧。

艾麗兒車

接下來騎往台11線，經豐源國小前的路口右轉時，一輛直行的雙載機車急速通過，雙方都嚇了一跳，先急忙跟停在路邊的機車騎士說了聲拍謝。

「沒關係，請小心點。」他有點急促地說，載著女生騎去。

「感謝主！」看著那兩人漸小的背影，我自然說出。

騎上知本路橋稍停在橋面高處，俯瞰知本站及月台鐵道。這兒著名的知本溫泉最初由卑南族人發現，日本時代開始發展溫泉旅館事業。在一九四二年，也就是昭和十七年出版的「台灣案內圖繪」的地圖，畫上溫泉標誌並註明知本溫泉，另一幅一九三四年，昭和九年出版的由金子常光所繪「觀光的台東廳」鳥瞰圖，將知本溫泉畫得更加貼切，地點所在有兩間小屋冒著溫泉熱氣的煙！

下午三點多通過知本溪接回台9線進太麻里鄉北端，一長段郊野丘陵、遠山景色的公路，看到路標上標示太麻里市區10、大武32、屏東142，今天預訂的目標是達仁，距離大武約九公里，大略計算時間，七點左右應該可以抵達吧。通過街景熟悉又感覺陌生的鄉鎮，迎來右邊是群山、左邊是沙灘海浪的公路風景，海平面與天空是沒有陽光的整個灰濛濛。騎進新華源二號橋，見到遠方公路順著山勢，呈現一個蜿蜒的大上坡，立即將腳踏車切換為低速，不免心中說了「啊——大上坡！」

想到英國人史達雷製造的大前輪、小後輪那輛腳踏車，如果真的有人騎那台車到這裡，看到這個上坡，也非得跳下乾脆直接用牽的吧。說起一八七〇年這台大小輪腳踏車，推出時的名字叫「ariel bicycle」，有人翻譯為「艾麗兒車」，史達雷與他合作的夥伴希爾曼為展示艾麗兒車的性能，一天之內從考垂克一路騎到倫敦，這段路有一百五十公里，想起來要維持大小輪腳踏車平衡及當時路況，一天騎上這段公里數，覺得這兩人也真是不簡單。

通過北太麻里橋進入太麻里市區，一個高五公尺的汽車機器人，站立在大王國中公車站貨櫃旁，製造這隻太麻里鐵金剛的，是這裡經營汽車維修廠多年的周先生，他用三台車為材料，花上近兩個月完成的作品。樣子讓人直接想到變形金剛裡的大黃蜂，有銘黃色的外觀，由汽車分解的各部零件，組合頭部身體及四肢，腹部還特別加裝汽車座椅成為駕駛艙，彷彿可以坐進去裡面，立刻邁開雙腳，加速轉動裝於腳部的輪胎疾馳於公路上。

大貓狸、太麻里

這一段路有不少賣釋迦的店，好幾年沒吃了吧，停在一間叫卓釋迦的店，每顆釋迦包上白色網套再包在透明塑膠袋中，釋迦們像綠色小山般一顆顆層疊堆滿在籃子裡，十幾籃放在塑膠方箱上墊高。

「老闆，我要買一顆。」

「一顆？要不要多買幾顆？」

「只是很久沒吃，經過這裡想吃一下。」

「好喔，幫你挑一顆熟一點的。」

付錢後，在路旁從塑膠袋取出在網套中的釋迦，從中間剝開鱗目外皮後，現出滿滿的乳白色果肉，直接半吸半咬地吃，口腔中的果肉綿密香甜，看著南邊天氣灰濛濛的幾座山，那個方向是鵝鑾鼻，再往南是巴士海峽、菲律賓、越過婆羅洲的汶萊及印尼後接下去是爪哇島。

那個荷蘭東印度公司在台灣的時代，釋迦被稱為番梨及番荔枝的時代，荷蘭人將這原產於南美洲的果實，輾轉由爪哇島引進台灣。一段歷史想像中完食了番梨！跟老闆要張衛生紙擦乾淨嘴上黏糊的果肉。

「你放在塑膠袋的皮和籽我幫你丟。」老闆遞給我衛生紙說。

「謝謝！」擦淨嘴回老闆，滿足口腹後跨上車繼續騎！

這段台9線的西邊一帶是大王村，村落是原住民的大貓狸部落，是一支因遷徙而排灣化的卑南族。清國時期這區域因排灣話音譯為大貓狸，原意是太陽照耀的肥沃土地，地名意思跟貓與狸完全沒關係。日本時代重新改稱太麻里，新名字帶了點清新風雅，在路上快速交叉輕念著太麻里、大貓狸、太麻里、大貓狸、太麻里，順便嘻哈饒舌哼起大貓狸太麻里之歌！

前方順著左彎弧道騎上南太麻里橋，右側有鐵道橋梁，兩座橋平行跨太麻里溪，進入香蘭街道已四點十一分了，霧茫茫的天氣加上想趕快騎到預定的達仁，路上除上廁所皆沒有停留太久。腰帶般的臨海公路，從眼前爬升接連至遠景山腰，弧彎一段接一段，騎上公路高點，可以看到下方南迴鐵道依著樹叢、椰樹沙灘及近晚灰藍色的海。

一個右彎的山道，俯瞰在金崙溪旁的金崙村，近景幾棟有老虎窗閣樓、雙斜屋頂的永久屋，左邊溪流出海口，車站鐵道由金崙溪大橋跨過溪流，往南進入多良二之一號隧道口。村裡的屋房密集整齊在方格街道排開，當中有座尖塔上面立著十字架的建築，那是基督長老教會。右後稍遠處四方尖錐大屋頂，上面也立著十字架的是天主教會，兩棟教會是明顯的地標，溪南小山挨著遠處的山峰，成為街道與房屋的襯景。

騎經村裡的郵局，也經過剛剛到的天主堂，兩旁大多是一至三層的店鋪房屋，處處有樹木植栽，比大部份房子高的水泥電線杆，串起數排的電線與街道一起延伸。阡仔崙橋與東邊鐵道用的金崙溪大橋平行，騎過阡仔崙橋橫越金崙溪進入了多良。

暮色時分的海岸公路開始飄下細雨，是環島途中不用穿雨衣的小細雨，往來的汽車都開啟大燈，我也開起了頭燈及尾燈。小小雨滴落在臉上，感覺到風吹推著我的背，順順地騎在離浪花近在一旁的公路，通過在山腰高架鐵道的多良站，又是一段偶有車鳴聲，持續浪花沙沙聲響的路程，小細雨像落雪的速度飄灑。

水波盪漾的尚武漁港

騎到大武時，天已經全暗了下

來，在便利商店休息的時間，手機查一下今晚預定地達仁的民宿，滑了多個頁面都沒有住宿資訊，想說才六點〇五分，可以再多騎一段。

在手機地圖裡大武與達仁間，發現有個叫尚武的地方，立刻再查那裡的住宿，找到一間尚武民宿後直接撥電話訂房。過大武橋來到大武溪南側，看了錶六點三十三分，騎沒多久，進入基本上只有暈黃路燈，但周圍黑暗的海岸公路，騎約十幾分鐘就到了尚武。

尚武民宿就在台9線上的大馬路，跟老闆招呼後，他直接帶我去後面街路的另個住宿點，並說那裡可以停腳踏車。住宿的房子有個小客廳，放了舊皮沙發及電視。老闆說腳踏車可以停在房間外的走廊，接著介紹了浴室空間及洗衣機的使用方式，之後再交給我大門及房間鑰匙，說明天退房時拿到前面的店，他白天都在店裡。

先沖了熱水澡，回房穿上長袖上衣、短褲及布希鞋，再穿外套出門慢慢走到台9線的大馬路，想找找小鎮哪裡可以吃晚餐。前方的尚武漁港泊滿膠筏船隻，碼頭立燈的光映在水中，映光隨著水波微微盪漾，有點小迷人的浪漫夜景，漁港旁有間阿梅海產，今晚就在這吃晚餐吧！

跟老闆娘點的蛋炒飯、蔥蛋、炒空心菜及蛤仔湯很快就上桌了，店裡還有另一桌客人，約七、八個，笑聲吆喝不斷相當歡樂。我先用匙子舀上了一匙炒飯，看啊！這金黃色的炒飯，水分收得恰好，再吃進口裡，米飯粒粒分明，搭配著蛋、蔥及切丁蘿蔔，配料相合的口感，很棒的炒飯！接著夾空心菜吃，炒空心菜裡有加蘿蔔絲並以蒜頭提味；蔥花蛋滑嫩蓬鬆的，上面淋了些清醬油，蛤仔湯裡滿滿蛤仔，薑絲與蔥花添了些辣味卻又清淡。一個人安靜地吃著很平常又帶點小感動的晚餐。

卑南族廚師

不久那一桌客人就離開了，店裡頓時安靜，只有廚房裡作業的聲音加上我吃飯的聲音。一位理平頭壯碩黝黑穿圍裙的男人，從內場出來整理剛剛離開那桌的碗筷。

「你們店的炒飯炒得真好吃！」

「謝謝！」收桌子的男人爽朗說，之後介紹自己叫阿虎，是阿梅海產的廚師老闆。

「其他的菜都還合你的口味嗎？」

「嗯，都很好吃。」

阿虎倒了兩杯水，很自然坐下來跟我聊起，我說到正在環島的事。

「喔！你今天從池上騎腳踏車過來，有一段捏！」阿虎帶著原住民口音回應。

「請問一下，你是哪一族人呢？」

「我是卑南族的！」

「卑南王比那賴是你們族裡的傳奇人物。」

「你知道比那賴啊！」他有些驚訝。

「我是剛好對原住民的歷史很有興趣。」

「他協助清軍阻饒林爽文事件準備逃到台東的餘黨，一說事件後他代表父親去見乾隆皇帝受賞。你們族裡還有個女英雄叫陳達達，在乙未戰爭，嗯，就是日軍攻台期間，有清軍的殘部從池上要攻打卑南各社，就是由她率領防守擊退清軍的。」

「看來你真的有研究喔，這的確都是我們卑南族的英雄！」他接著說「我們卑南族是很勇猛的！」

阿虎在談話中也省思，說原住民自身要有信心跟認同，不能老是依賴台灣社會制度下給予的福利及待遇，要自己更加認真努力。

「為什麼店名要叫阿梅呢？」

「阿梅是我老婆的名字。」他率真笑了下說。

「我原來是攝影師，八八風災時器材大部分都壞掉了。後來娶了越南老婆，以她的名字阿梅開了這家海產店，夫婦一起在這裡努力。」

後來又聊了平埔族、荷蘭人與大肚王國、清國、日本時代到二戰後現在的台灣，討論我們對於台灣人身分的定義。

「抱歉，聊了這麼久，讓你休息的時間延後了。」看錶已經九點五十分了。

「不會啦，這樣的聊天也是一種很好的休息。」

互相說再見後，阿虎回店裡，在白熾燈光內場繼續清理工作。回民宿前去便利超商買一罐葡萄口味的啤酒，這時又再度飄下細雨。

夜裡漆黑的群山中，想到大武鄉附近有條浸水營古道可通往屏東的水底寮，比那賴由那條路入婚於屏東平埔族馬卡道族。透過與漢人的貿易，將先進農耕技術器具帶回東部平原，改善部落生活並在林爽文事件的戰功後，壯大了部族，迎來卑南王名號統領周圍各部族。一百多年後，陳達達為抵禦清軍入侵，展開保衛部落的戰鬥，但隨著日本人的統治，命令各部落取消對卑南族繳納貢租，卑南王的統治在此地成過往一段故事。

在交誼廳的舊皮沙發，隨意轉著電視頻道，一邊喝上葡萄啤酒，似乎潛意識中期待微醺的睡意。十一點多喝完罐裝酒回到房間，在床上想著今日的行程，池上的伯朗大道後騎到舊關山車站，遇見鮑伯短髮女孩。嗯，再來是鹿野村及賓朗車站，進入十股的茄苳樹群綠隧，看了月形石柱然後進台東市區，立刻往知本、太麻里。途中下起了細雨，天氣大多是灰雲狀態，經過大武市區來到尚武，幾小時前吃了滿足的晚餐，跟阿虎聊天很愉快。嗯，明天就要騎到恆春，環島也接近尾聲了呢！這段日子有種活著的充實感，雖然只是不斷地踩著腳踏車前進而已。

旭海的
浪花響聲

Chapter 09

隘口城鄉

將鑰匙還給民宿老闆，早上八點〇五分的陽光灑落在安靜的尚武小鎮，昨晚一樣的漁港，在朝陽下展現另種活力的浪漫，街道上只有準備出發的自己。看了休息中的阿梅海產，街道北邊遠遠的白絮捲雲，搭著藍裡透白的晴朗天空，跟這山海小漁港的人們及街道，心裡道了聲再見。

一早騎在臨太平洋的岸邊道路，呼吸海洋之風捎來的空氣，車騎起來特別給力。十幾分後，雲層厚疊了整個天空，東邊海的顏色慢慢灰沉下來，長條雲層的縫隙口，日光從中迸灑在海平面，形成海上一大圈金黃水色，在灰沉色澤的大洋裡耀眼閃亮，感受到創造主的偉大而神聖。

路途中有條往邊坡丘陵岔出的道路，擋土牆上一大塊方形白底、藍色的字及箭頭標示進去的地方是南興村，匆匆騎過約百來公尺後，折返進入這個村落，因為是跟父親名字一樣的村落。稍微在村裡晃騎一會兒，沒見到村民走動，但有人騎機車從旁而過。街道中有間基督教南興得勝教會，兩層的斜屋頂鐵皮屋，外觀大膽的漆上紫色，中央立起高高的紅色十架，戶外鐵樓梯則漆上黃色，連結的禮拜堂外牆是青綠色，搭上紅、橙、黃、藍的方尖窗。

隔個小路另一邊的天主堂，是白冷會瑞士籍的傅義修士所設計的，灰色水泥板模牆板上嵌上南興天主堂金字，右邊高高立起白色十字，聖堂外觀也是水泥板模牆板，造形為斜頂幾何建築。兩個基督宗教場所，使用的色彩迴異，風格對比很強烈共存在小村落裡。騎回台9線上，遠眺南興村，一邊紅色十字架、一邊白色十字架的兩間教會，顯眼的在房舍屋群中。

九點到了達仁，這裡是南迴公路山地段東端入口的鄉鎮，左前方的中油加油站對汽、機車很重要，通常都會在這加滿油入山，因為接下來可以加油的地方是楓港及滿州，分別是往西距三十公里與往南五十多公里的山路，當然，騎腳踏車是不用在意加滿油這件事，但需吃個早餐補充踩輪子消耗的熱量。

騎過兩旁簇擁的店鋪住家，大多是一兩層的鐵皮或外覆方形面磚建物，路旁接連電線的一根根水泥電線杆，加上遠處綠巒，許多往來於街道的慢速車輛，流動一種隘口城鄉的氣氛。通過安朔溪後，開始山道的風景，看到左前方有間坪數蠻大的7-11便利商店，後面緊鄰小山丘，旁邊空地停了幾輛廂型車，今天第一餐就在這裡了。

自動門客人進出的聲音，店員招呼、與客人買物找錢的聲音，持續反覆的在商店空間迴盪。坐在落地窗的長桌前，咬上幾口奶酥麵包，用手機地圖查看往墾丁船帆石的道路。中繼點依序是壽卡轉一九九縣道進東源，再來是左轉一九九甲縣道到旭海接台26線到牡丹，然後二〇〇縣道與左轉二〇〇甲縣道接台26線，順著騎可抵達鵝鑾鼻燈塔，再一個彎就是船帆石。

這段彎來彎去的路是恆春半島山道迷宮，吸了口鋁箔包的奶茶，看著窗外偶爾經過的車輛，南迴公路的西端是楓港。如就這樣騎到楓港，往北經高雄回台南也可以算完成環島吧，但對我來說通過鵝鑾鼻墾丁回到台南，這才真正算環島完成。吃完早餐，想說買一些零食路上可以吃，逛到糖果巧克力琳瑯滿目的區域，直接拿了兩盒森永牛奶糖結帳。

南迴公路旁的排灣小村落

從便利商店出發，一個過彎迎來左邊綠山，右邊是安朔溪南岸河床農地的景色。才騎了五分鐘左右，右邊岔路口有個ㄇ字形門柱的原住民意象，上方有多個陶罐及放置中間的太陽圖騰，橫梁題著森永社區，門柱兩邊各放一個男、女原住民塑像。一旁有個寶藍底黃字長方小招牌，上面有基督教長老會焚而不燬標誌，白箭頭指出森永教會方向。

騎過岔路口十幾公尺後，因為剛剛買了森永牛奶糖，對於這款糖果從小吃到大的感情及好奇，停下車，在路旁用手機確認進入森永村的道路，看之後是否可以接出台9線（台9戊線），確定可以後，折返到村落入口處。

入村的路幾乎是綠樹夾道，曲折小徑雖美，但突然的急上坡也不得不下車用牽的走一段再騎，薄雲覆滿天空的上午，氣溫不太熱有些微涼風，約十五分鐘看見道路雙邊出現屋舍，抵達森永村，但此時心中也著實「啊——」很長的一聲，這條村裡的筆直道路，是一條陡急的上坡，頂端處是白色天主堂。

高聳的山形雙柱上佇著十字架，雙柱中橫掛一只大鐘，不過，這個上坡讓村景更有層次。這個時候只得牽車走上陡坡，天主堂後還是一段上坡，還好這緩上坡看來是可以用騎的。森永天主堂的外觀是簡化哥德風的手法，入口門廊雙柱上彩繪排灣族的人像，女的在北柱，男的在南柱，門楣繪上許多族人歌舞歡慶朝敬耶穌的圖像，建築表現將排灣族與基督宗教圖像相互融合。

接著經過由粗獷木頭作騎樓柱子的VUVU野菜農園餐廳，前方左邊小巷有森永教會的小招牌，順著進入看一下。森永基督長老教會是棟兩層樓的斜屋頂透天厝，正面漆上鵝黃色，二樓有雨遮陽台，三角屋頂上有鏤空的十字架。正拍照時，一位戴黑色皮帽、穿靛藍外套及黑色運動褲的粗獷原住民男子，緩緩從小巷口走來。

「你好！」我先招呼了對方。

「平安，你好！」

「請問你是牧師嗎？」一個直覺直接問。

「是的，我是森永教會的牧師。」

我們在外面聊了約十分鐘，他說自己的名字就叫森永，之後聊了長老會禮拜安靜的模式，哪些活潑方式可加入禮拜程序的話題，牧師又說到村子裡有間方舟教室，是位醫生招聚年輕人來村裡服務開設的，為幫助部落孩子們的學習而成立。

「教室位置在道路的右邊，很容易找可以去看看！」森永牧師手指著說。

騎到方舟教室，是在高台上的一棟一樓水泥平房，孩子們與年輕人在教室外空地活動，安靜拍了張他們與教室的影像。在高台空地一隅俯瞰森永村，房舍及電杆沿上坡路而建，看到剛剛造訪的教會與天主堂。村子外山林座落的電塔們，是一個個多臂的鐵巨人，拉起一條條長弧的電線。天雲是混了色的淡藍，群山綠嶺溫柔地環抱小村落。

村子的上坡路果然有連接台9線，出入口西側是森永派出所，東側是排灣族獵人帶獵犬的立像在方梯形水泥台上，單純意表原住民會帶著狗狩獵的意象。據說這獵人立像在颱風過境此處時，常會被吹倒甚至有時還不曉得被吹到哪，之後因申請修復需要時間，平台上只剩獵犬，每每經過的遊客問起當地人，這隻獵犬是否有什麼故事而立像於此，或許會得到當地人一個笑笑的回答：沒什麼特別的故事啦，不過獵犬旁原來有個獵人，但獵人出遠門還沒回來喔。

粉桃色系輕熟女

往中繼點壽卡一路上是彎曲公路的緩上坡，在公路的一處高點看到幾分鐘前，在對面剛剛爬升的山路，更遠處是太平洋白茫的霧藍海面，大約騎了四十分鐘，抵達南迴公路最高點的壽卡鐵馬驛站！這裡的海拔四百六十公尺，幾乎是台北一〇一的高度。鐵馬驛站的兩層赭紅面磚建築，原是這條路的檢查哨，在國防部與內政部一九九七年公告解除山地管制後，檢查哨閒置了一段時間，因為腳踏車運動活絡，慢慢發展成休息點。

雖是正午還是有些涼爽，拿出早上買的森永牛奶糖在驛站前吃，滿天的薄雲遮蔽在隘口驛站之上，岔路口往西是楓港，南是牡丹、旭海的方向。在驛站對面，一隻大黑狗及一隻白色黑斑的小狗，雙雙滾在草地上玩耍，一會兒小狗窩進斜躺的大黑狗，吸吮著牠腹下的奶。從楓港方向有人騎來了腳踏車在這停下休息，是位裝備及衣物皆有粉桃色的輕熟女，她停妥粉桃色與黑色相間的彎把腳踏車，喝水後作了伸展操，看來只有一個人騎。

「請問，這條路往達仁還有上坡路嗎？」粉桃系輕熟女盪著車帽下的短馬尾走過來問。

「到達仁都是下坡路段。」

「嗯，所以你是從那裡騎上來的嗎？」

「是啊。」

「妳是一個人環島嗎？從哪裡出發的？」

「是喔，從台北出發，你呢？也是環島嗎？」

「嗯，從台南開始。」

「從達仁騎上來的話，不就快要完成了。」

「嗯。」

之後，粉桃系輕熟女摘下太陽眼鏡問。

「那你知道達仁附近有一個森永村嗎？」

我接著回答早上有進去，稍微描述一下村裡的景觀。

「聽你這樣說，好像村落斜坡景色很不錯的樣子。」

「景色是很不錯，但拍完照車子可能要牽著上來。」

「這森永村其實跟你手上的森永牛奶糖有直接的關係喔！」

「我看到這個地名，有查了下資料，嗯……這個森永村是日本森永的創辦人，名字叫那個……森永太一郎，他在日治時期為了生產可可來台灣看了很多地方，後來會社一個常務董事，記得叫大串，取得現在森永村的土地開始種可可。」

「應該是二戰後吧，排灣族的一些部落遷進原來是會社土地的森永村。」她接著補充。

「我還想說這個森永村是不是跟森永牛奶有關係呢！謝謝妳！」我認真聽完說。

「差不多了，我要繼續騎了。」粉桃系輕熟女看了錶、戴上太陽眼鏡，跨上她粉桃色與黑色相間的彎把腳踏車。

「一個人請小心，加油！」我想著，她接下來是逆風往台北的路程。

「好喔！加油！」

我看著手中的森永牛奶糖紙盒包裝，森永的標誌是個小天使握著英文字母

TM，這森永太一郎可能是基督徒吧。是的，森永太一郎的確是基督徒，T代表太一郎先生的名字Taichirou，M代表森永Morinaga，明治時代他為了販賣陶器東渡美國並信了耶穌，因緣際會成了基督徒實業家。他同時是日本前首相安倍晉三夫人安倍昭惠的外曾祖父。這台9線上小小的森永村，因為村名留了下來，才讓人們梳理出這些微妙的連結。

琅嶠之地的大龜文

在壽卡鐵馬驛站岔路口往東騎進一九九縣道，這是條翠巒夾道的彎曲小公路，騎了快二十分，左邊風景開始遼闊起來。在公路上有一段路可以俯瞰到大海，圓圓綠色的小山丘陵，交互層疊直到霧茫藍藍的海平面。

往前騎不遠處，有個獅子雕塑小綠地的岔路口，一旁有綠底白字的牌子標示進去是內文村，在南邊的楓港溪，是排灣族琅嶠上十八社與琅嶠下十八社的分界。琅嶠上十八社又稱為大龜文王國，由邏發尼耀及酋龍兩大頭目家族統治。有學者認為應該精準叫大龜文酋邦，因這些區域部落為一種聯盟性質的組織。

約四百年前，荷蘭東印度公司授予權杖給大龜文王國的領袖，用這個儀式象徵歸順，進而將大龜文王國收納到公司的體系。之後荷蘭人得到台東有金礦的消息，便計畫通過琅嶠地區勘查開採，另一方面大龜文王國並未真正歸順於荷蘭人，或者因為利益衝突，荷蘭人兩次出兵征討大龜文，戰後雙方各自宣稱獲勝。但不管哪一方獲勝，荷蘭人在兵力軍事上所受到的損害，間接讓鄭成功軍隊在隔年攻打台灣一事成為了得利的一方。

再來是清國光緒年間的「牡丹社事件」之後，清國感受到日本進占台灣的企圖，在欽差大臣沈葆楨推動「開山撫番」下，加速漢人開拓番界及後山，導致大龜文原住民與漢人衝突不斷。當中有漢人不再繳租給當地原住民、入侵部落遭逮捕等事，因而引發「獅頭社之役」的戰事，雙方鏖戰約三個月，在清軍攻克獅頭社後結束，大龜文的勢力在此役後被減弱。

到了日本時代，日本政府以「五年理蕃」政策加強對原住民控制，其中全面押收排灣族的槍枝一事，遭到恆春半島的排灣族人抵抗，導致「南蕃事件」發生，當局出動近兩千名軍警，以兩艘驅逐艦、山砲、地雷在海陸雙面夾擊，歷時五個月平定，大龜文王國就此隱沒於歷史中。

騎在灰白薄雲布滿的天空下，陽光透過雲隙照在林間山道，大龜文歷史又像現出蹤跡般，傳述部族在台灣的故事，沿途依然的電線杆與拉線及路面柏油，那麼一種不荒郊的野外，晌午的這時，流動著稍微悶熱的氣溫。

長老的香菇雞湯

經過右邊一片溼地湖泊進入東源村，教會的塔樓十字架高過許多的房屋。通過東源長老教會，路旁有輛白色小貨車，車斗覆有鐵架的綠色帆布，右側以白字寫著：信耶穌得永生，後面是：耶穌愛你。我停下來拍攝教會及這台小貨車。

「那是我的車喔！」對面一位戴黑色球帽、穿藍色毛衣牛仔褲的中年大叔招呼說，他與三位女性在矮屋前庭，用紅磚疊出簡易的窯並放上鐵網，以大木頭生火煮雞湯及溫熱鐵罐咖啡，一群人正坐著閒聊。

「我是基督徒，覺得你的車蠻酷的耶！」

「喔……我是教會的長老，你知道車子還有一邊寫什麼嗎？」長老臉上露出猜謎般的微笑。

「是寫什麼呢？」

「主耶穌說：我就是道路、真理、生命。」長老接著說「開車也要傳福音！」

我接著也拍下小貨車這一邊。

這車子三面都有耶穌的名字，聖經將上帝譯為「耶和華」，而身分是上帝獨生子的耶穌，一些不了解的人還以為耶穌姓耶，其實耶穌名字的意思是「耶和華是拯救」，與希伯來文名字「約書亞」同義，而希臘文譯為「耶穌」，在當時羅馬帝國的猶太人社會中是很常見的名字。

「來碗雞湯吧！」長老邊說邊盛上一碗。

「謝謝！」

我走過去端在手裡，湯的熱氣有一股自然而發的排灣式熱情，大家邊吃邊小聊幾分鐘，問我環島從哪出發、騎了幾天。

「從台南出發往台北繞過花蓮、台東，今天第九天！」

「喔——騎了很遠——」長老點點頭拉長尾音說。

清淡金黃色湯頭帶點適中的鹹味，香菇的鮮甜與雞肉緊實軟嫩的口感，順口滿足地吃完。

「謝謝你們的雞湯！上帝祝福你們！」

「不客氣啦——上帝也祝福你！」

我向他們揮手再見，收下暖心的雞湯回憶啟程。

時間靜止般又如永動機緩流的旭海

往南騎約十分鐘來到一九九縣道的一處岔路口，右邊往牡丹、車城，左邊是往旭海的一九九甲縣道。手機地圖看起來這路到旭海溫泉前，路況彎道很多非常曲折，照原先規劃左轉騎入，不久後果然如地圖所示，是連續的髮夾彎公路。雖然車輛不多，還是得相當注意著騎，因為幾乎每隔幾百公尺就是個大彎道。約十來個山林綠蔭髮夾彎後，經過一處可瞭望大海的路段，看見一對父

子騎腳踏車在前頭。

戴眼鏡的小朋友騎在前，是國小的樣子，青壯結實的爸爸在後跟著，接近時互相說聲加油！越過他們後又進入兩、三個彎道，抵達旭海溫泉時，打了通電話給基督徒弟兄阿勳，阿勳的家是在船帆石經營民宿的，電話中問好後訂了房，再問從旭海騎腳踏車到船帆石要多久？

「嗯……要兩、三個小時吧。」

「啊你要從那裡騎過來喔！」他有點意會過來。

「是啊。」

「好喔，你到了咱做伙吃飯，晚上再聊！」

通過旭海派出所前右轉接進台26線，眼前是周圍開闊綠草綠樹、左邊伴著大海的景，馬上是雙側樹林草叢的夾道，約五分鐘，公路左邊豁然展開一片緊臨的海浪沙灘！

這景讓人情不自禁地停下車，走上在路旁沙灘上的方形木平台，一旁有枯枝及小樹。只有一人，在溫柔的風中看浪又安靜地聽浪，下午一點四十分西太平洋的浪花海沫，吻著旭海的細沙，在深沉溫柔的浪聲裡，此時遠方的天是藍妝又襯上幾朵綿雲，又連著海平鋪排開的白雲，時間如靜止般，又像永動機緩流的調子。

傳說江戶時代的松尾芭蕉，在奧之細道的遊歷中來到松島，因為沒有言詞可以表達松島的美景，只驚嘆說了「松島啊，松島呀松島」。描述這個時刻的這裡，也只有「旭海啊，旭海呀旭海」。待了十多分，收起在這沙灘看海聽浪的心，浪花聲問我要不要再多待一會兒，我說我要啟程了，我會將這裡的美，好好地藏在心裡，再見。浪花聲說好喔，再見。

石與竹

接下來的這段台26線，基本上是路寬不大的臨海道路，多路段有海岸樹林騎起來很舒服，過大流橋後的海岸是礫石海岸。海浪反覆沖擊大大小小的奇岩，近距離感受到小壯麗，一處弧彎道路成了海岸草原的景色，綠草原與藍海天空搭著風，是煦煦的暖風。不快不慢地騎經港仔的小漁港，不久道路直接換為二〇〇縣道，沿途院落房舍倚著路旁小山丘，騎幾分鐘通過港仔橋，進入幾乎兩側都是密林道路風景中。

這一段是二〇〇縣道騎往九棚的北段，沿川七山東側的山腰前進，有一處彎道東側的水泥護牆，沒有樹木遮蔽高處可以遠眺稍遠的海灣，那是整個「牡丹社事件」發生的最初地點八瑤灣，這個事件與早於幾年發生的「羅發號事件」極其密切。長久在這裡生活的瑯嶠下十八社，也就是斯卡羅酋邦，發生上述「羅發號事件」與美國及「牡丹社事件」日本的交戰後，深遠的影響台灣所有的人，不管是哪一個族群。

荷蘭人稱斯卡羅人為瑯嶠君主，是這一個區域排灣諸社的共主，但斯卡羅人原來是居住在知本的卑南族，一支相信先祖為「石生」的強大部落；同族在台東，相信先祖為「竹生」，就是月形石柱所在的南王部落逐漸壯大後，勢力超過知本部落，這一支「石生」的卑南人只得往南遷徙，一族抵達瑯嶠地區後，征服當地的排灣族。一段時間後斯卡羅的卑南族生活形態，在各方面被影響而排灣化。

蝴蝶蘭

時序來到明治維新後的日本，「牡丹社事件」的開端一八七一年十月，琉球宮古島居民那年將年貢上繳到那霸首里城後，回程遭遇暴風漂流到八瑤灣。船隻被大浪打上因岩石毀壞，遭遇船難的居民上岸後，因處陌生之處心生害怕，受所遇到的兩個漢人搶奪衣物，之後不相信漢人所說的事，就是往西走會有凶猛原住民，他們離開漢人居然往西走，誤入排灣族高士佛社的領域。

遇到的原住民給他們吃喝，但兩方因為語言不通、文化差異，琉球居民一行人再度害怕而偷偷離開，這一來使高士佛社的原住民心生懷疑，認為這些人是來刺探部落情況，原住民決定要追到他們。他們被追到後，五十幾個琉球人遭到殺害，十幾個生還回到琉球。日本向清國提起此事的處置，清國當局卻說該地生番不在統治範圍，表現出消極以對的態度。

決意處理此事的日本人，一八七四年五月由西鄉從道帶領日軍、聘李仙得為顧問出兵台灣，軍隊自車城射寮庄攻向牡丹社、高士佛社、射不力社等地區，但斯卡羅人卻維持中立的情況，打了約一個月半，牡丹社投降由日軍取得勝利。戰役後，清國轉而積極治理台灣並處理生番的問題，日本在英美介入及士兵因熱病傷亡的情況下撤兵。透過「牡丹社事件」，日本人對台灣有更多的調查，無疑為日清甲午戰爭後，清國割讓台灣隔年的乙未征台之役，提供了征伐及統治台灣的情報。

日本治台期間，斯卡羅酋邦變為帝國在台灣的各個街庄行政區，他們的故事也如琅嶠上十八社的大龜文般，在歷史隱沒中又細聲地傳述著。對了，這恆春半島古稱瑯嶠，瑯嶠的意思是蝴蝶蘭。據說這一片排灣族的土地，曾經遍處是蝴蝶蘭，蝴蝶蘭的花語有幸福之意，在瑯嶠之地的一再衝突及戰爭中，這花語格外地諷刺不搭，但，他們也一定有尋常的幸福時光吧。

長樂小男孩

騎過分水嶺社區，道路幾乎沿著港口溪谷地的東側開闢，處處是山丘田野。田埂將農地分成多塊的綠格，小溪、水圳蜿蜒其間，當中有不少樹叢。田間谷地連到後面的多個小山丘，景深是層層相疊的畫布，下午四點半的陽光，是揮灑塗抹這幅畫作的顏料。

騎進長樂村，隨處可見檳榔樹群，兩旁房舍店鋪大多隔著野草地或樹林。日本時代這裡有個漢譯地名叫九個厝，不過應該跟房子沒關係，九個厝是日本人用這一帶原住民部落響林社發音而取的名字。戰後改稱九厝，因為閩南發音像狗厝，村民因此要求改名為長樂，期望大家共度長久快樂的日子。

通過長樂國小不久後，右邊幾棟鐵皮及水泥屋子之間小路，立著長樂教會的白底藍字招牌，就順著騎進去在教會歇息一下。禮拜堂的正面是五角形加入口門廊，外觀鋪上棕色石面磚，窗戶是方尖拱樣式，紅色十字架矗立在頂端。一個皮膚稍黑的小男孩，從禮拜堂旁邊的小屋子跑出來，後邊還有個小女孩，手扶著柱子探頭看著我。

「這裡有大人嗎？」

「大人都在忙喔！我們自己在這裡玩！」小男孩說完，立刻在空地跑上幾圈，接著又跑過來看我的腳踏車。

「你是從哪裡來的啊？」

「我從台南來的喔，你知道台南嗎？」

「我不知道？」皺著眉頭笑臉回答後，跑去和小女孩玩捉迷藏，兩個輪流喊一、二、三，躲藏起來找對方，看著他們嬉鬧追跑到教會外面，歇息也一會兒了，騎出進教會的小路繼續二○○縣道往南的路程，騎沒幾分鐘，一台鐵灰箱型車緩緩超過我，從車窗有一個小孩探頭出來，是剛剛教會的那個小男孩！

「bye-bye！」小男孩表情可愛燦爛，揮著左手大聲地向我說，我開心向他揮揮手回應。

桃源堂

騎到有好幾棟小木屋及棗椰樹群的地方，原來這裡是小墾丁渡假村，之前以為在墾丁附近，其

實是在滿州啊。再往前騎，兩旁大多是兩層高店鋪住家，漸漸密集成街肆樣貌，路上一棟有九連拱的紅磚老屋，近五點的陽光，讓紅磚的顏色更加醇厚，這是尤家古厝。

中間三角形山牆頂端有個葫蘆，紅磚牆面中央的菱形框內有個「尤」字，入口門額為「協和」堂號。在紅瓦屋頂上，一塊塊排列整齊的壓瓦石，用以抵抗這裡的強風，合院內庭巒大的，中央亭廊上的「桃源堂」堂號，意涵「世外桃源」。洋風柱廊與閩式屋身，有著滿滿綠色植栽，結合出日本時代的台式風情。

在戰前瓦斯不普及的年代，因著恆春半島豐沛的樹木資源，滿州曾有極盛的燒木炭行業，尤家一族以此業迅速累積財力，尤家古厝的建造者尤昆平，也是當時滿州庄庄長。古厝建於昭和二年，也就是一九二七年。順道一提隔一年的一九二八年，在紐約79街殖民大戲院，米奇在《汽船威利號》出道後，成為迪士尼的招牌，還四處蓋了樂園，那年開始的明星之路，一直風光至今。

尤家古厝這區域不遠的里德部落，是斯卡羅酋邦核心部落豬勝束社，清末以來海外列強與琅嶠下十八社原住民，不只是在羅發號及牡丹社事件中，這部落都扮演了和談協調的角色。

通過鵝鑾鼻

快五點半騎過港口溪上的港墘大橋，東邊出海口跨著拉開弧線的港口吊橋，灰色積雲一團團聚攏在天邊，沿海岸一路上，風勢很大以慢速緩騎到風吹沙。雲靄更加濃密，天色也急速暗下來，強風襲吹岸邊的沙礫土石，就真的是風吹沙！只得握緊車把慢騎前進。在龍磐大草原，不管從山丘、從海面而來的強風依然陣陣，遠方兩顆球型雷達，隨著接近距離變的巨大，像極海岸草原上的雙球冰淇淋。

天已經完全暗下來了，經過鵝鑾鼻，拍了張暗夜裡燈塔發出的燈光閃爍，此刻也快抵達船帆石了。進阿勳家的磐石旅店之前，先看了夜裡朦朧的船帆石，告訴自己今天的目的地到著。

旅店裡，阿勳正在櫃台。

「厚！你真的騎腳踏車過來喔！是在環島嗎？」

「是啊，明天騎回台南。」

「厚，你很勇耶！」他發出招牌額——呵呵的笑聲說。

在房間稍作整理，下到一樓看到魏媽問了好，魏媽說晚餐已經煮好一些家常菜，叫阿勳跟我先去家裡吃。一近飯桌邊，就聞到土魠魚的魚肉香，是桌上那塊煎了赤赤的厚切土魠魚片，還有油亮的蒜炒空心菜、加了辣椒及蘿蔔的芹菜炒花枝、金黃厚實的蔥花蛋，散發微微米酒香的薑絲蛤蠣湯。

「我媽隨便煮的，你隨便吃！」

「看起來很好吃啊，謝謝！」

這是我很久沒吃的家常菜，白飯搭菜著吃了兩碗，飯桌上有股家常的溫暖。

晚餐後，阿勳載我開車閒晃去墾丁大街，順便買啤酒。回旅店到頂樓喝酒聊天敘舊，夜雲有點多，只南邊天空有些星星。交互地聊著教會、環島、彼此這幾年的生活。

「欸，你去過七星岩嗎？」我問阿勳。

「你是說這裡南邊的七星岩喔。」

「是啊，你去過嗎？」

「我沒有去過，那裡是一些要海釣的人才會去的，從後壁湖坐船過去要一個多小時。」

「你問這個幹麼？」

「七星岩大大影響了台灣的歷史喔。」

我跟阿勳說起了羅發號事件的經過。一八六七年三月，一艘三桅商用帆船由清國廣東汕頭出發，這艘叫rover意即流浪者的美國商船，被音譯為羅發號。航行的目的地是遼寧牛莊，船隻在海上沒幾天就遭遇到風浪。一個晚上，羅發號在台灣恆春半島南端的七星岩觸礁，船隻開始進水後，船長決定棄船，船上一行人擠進兩艘小艇奮力划向陸地，白晝時分在墾丁附近沙灘上岸。

當地的龜仔用社原住民誤會遇難的人是入侵者，將他們追趕殺害。事件的生還者披露此事，在廈門的美國領事李仙得知道後，要求清國懲處兇手，清國政府卻說生番不在統治範圍內，無法處理事件。該年六月美軍發兵報復進攻，士兵們登陸與龜仔用社激戰後被擊敗。由於英國人必麒麟居中斡旋，李仙得與斯卡羅酋邦的大頭目卓杞篤簽了「南岬之盟」，重點之一是不准殺害船難的西洋人。讓事件告一段落。

「喔！這一帶的原住民跟美國人有打過一仗，我都不知道耶！」

我繼續說到美國領事李仙得，在後來的「牡丹社事件」中成了日本人的顧問，他提供不少資訊，讓日軍在與原住民的戰役取得勝利。恆春城也是清國在這些事件後才建造的，雖戰爭獲勝，礙於國際情勢而撤退的日本人也得到更多資訊，成為他們後來統治台灣的準備。

「說真的，住這裡這麼久，還沒聽人跟我說這些事。」阿勳喝了口啤酒說。

之後我們又隨便聊，睡覺休息前一起禱告祝福彼此。

套房裡作了日帳、寫了日記及一段聖經箴言。在雙人大床上，心想這是環島住最好的一晚。已凌晨一點多的今天，是環島的最後一天，手機地圖看著還算熟悉要回台南的路，又回想這一天路程中的地方，尚武、南興村、達仁、森永村、壽卡、東源。嗯，東源被請喝了碗雞湯。再來是旭海，旭海好安靜好美，長樂、滿州、風吹沙、鵝鑾鼻燈塔到船帆石。嗯，想著夜浪正緩拍著巨大礁岩船帆石，就在前面海岸旁，然後打了個哈欠，有點酒酣睡進了旅店房裡的雙人大床。

無垠的天藍色

Chapter 10

金邊眼鏡大叔

從遠方傳來金屬打鈴聲，輪鼓般叮叮叮——越近越大聲地一直響，翻過身子先關閉手機鬧鐘，螢幕顯示七點三十分，直接到浴室沖熱水澡。接下來，將聖經、筆記本、相機、錢包、衣物及盥洗用品依序整理收入大背包，環看一下房間、浴室還有沒有物品放著。

雙膝塗上痠痛凝膠軟膏，穿好上衣、車褲，雙膝繫上膝關節束帶，再穿短外褲、短襪，穿運動鞋時，施點力結實地將鞋帶以蝴蝶結綁好，手機放到褲子口袋，最後背上大背包，在房門口用幾秒看一眼白天房間的樣子。重複著幾天來一樣的行前動作，這些覺得已經轉換成了習慣。

魏媽正在櫃台忙，看到我下樓立刻說早餐已經在桌上了。

「昨晚睡得好嗎？」

「睡得很好，謝謝魏媽！」

「聽阿勳說你今天要騎回台南喔。」

「是啊。」放下正在吃的肉鬆三明治及紅茶說。

「這次來都沒看到魏爸？」

「他昨天忙到很晚，今天一大早就去恆春了。」

「阿勳還在睡，我去叫他起來吃早餐。」魏媽正說的時候，阿勳一臉睡相下樓。

「厚，我已經起來了啦。」隨後補了哈欠。

交誼廳的大紅沙發椅，坐著著一襲黑的長衣褲金邊眼鏡大叔，他在等人退房，聽到我與魏媽的對話，接著聊起他與朋友騎腳踏車的事。

「我們從宜蘭出發到台東，一路上騎累了或看心情，隨興轉搭火車，昨天入住這裡。」金邊眼鏡大叔隨意聊起來。

接著拿出他手機拍的相片秀給我看，大部分是與美食合照及舒適的旅店房間，邊滑著告訴我，哪個食物必吃，哪間旅店房間很好。之後問我跟阿勳要不要看他的腳踏車，他的車也是一襲黑，但看來是價格不斐的彎把公路車。
「那台腳踏車是你的喔。」
「是的。」我說。
金邊眼鏡大叔就近觀察我的腳踏車，彎下腰摸摸厚厚的下巴，不時發出嗯——的聲音。
「少年耶，我建議你車子的鏈條要上一下WD-40。」
「WD-40？」
「那是一種清潔劑，保養鍊條還不錯。」
「WD-40是哪間公司的？」
「WD-40也是那間公司名字，嗯，在美國的公司。」
「最先開始是飛彈的隔水劑，後來發現也可以做清潔或潤滑劑使用，從軍用轉作商業用品。」
「不過我只是建議你用看看。」金邊眼鏡大叔客氣地說。
「嗯，我會考慮一下，謝謝！」
關於一般的WD-40油品，雖使用後會有良好的清潔效果，但鍊條上WD-40

的油會很快揮發，反而容易使鍊條生鏽，如果真要用的話，建議使用後再上點機油會比較好，這是一位整理腳踏車為業的朋友，後來聊天所說的。

上午八點四十五分，跟魏媽及阿勳道謝準備出發，旅店門口附近有外景拍攝團，一隅愛琴海白色建築延伸綠葉紅花的景色，四個分別穿白、粉紅、粉藍、粉紅素面連身長裙的少女，由攝影師拍下她們各種姿勢，一旁道具小妹灑上花朵，豐富畫面構圖，拍下一張張很愛琴海的墾丁人物

照。

捕鯨場

船帆石挺立在礁岩海岸邊，天色由東邊光亮淡藍漸層至西邊飽和靛青，由這裡出發回台南了，準備要騎上一百六十公里，是環島中公里數最長的一段！騎往往墾丁大街的方向，船帆路上安靜的旅宿店家，一棟棟面著巴士海峽同著遊玩的人酣睡，道路不遠處是青翠的大圓山，沿路綠叢一個彎通過大圓山下的飯店，兩、三分鐘後，目線遠處出現大尖石山。

經過凱撒飯店後進入墾丁大街，上午的冬陽照在橙色、黃色、白色的旅宿商店，招牌帆布紛雜，有點陌生感的墾丁大街。向晚時分這裡才會醒來，晝上美妝喧鬧華歌到夜深，展現令人熟悉的樣子，但現在白晝睡著的墾丁大街，展現近人安靜的素顏。

墾丁路雙排的椰風夾道下到了南灣，藍到發亮的海水及棕黃細緻的海沙，很難說服自己不在這裡休息一下，海水浪花順著沙灘拉了個長弧，直連到後壁湖漁港及貓鼻頭岬角的綠色台地。九點二十幾分晴藍天空的南灣，遊客不多只十來多個。不遠處有三支風力發電機組慢慢轉著，還有與這裡海景格格不入的核三廠，兩座頂端半圓的圓柱圍阻體，突兀存在於南灣沙灘的海景。

將時間軸拉回到日本時代，當時南灣叫大坂埒，這個沙灘曾經是捕鯨場，大翅鯨、長鬚鯨、抹香鯨被捕獲後，經濟價值除了鯨魚肉之外，油脂可製成照明用的蠟燭，鯨鬚變成裙撐、刷子、雨傘，還有小提琴的弓弦。而抹香鯨腸道分泌出的龍涎香，這種固態蠟狀可燃物質處理後，能讓香水的香味更持久，價值曾比擬黃金。

鵝鑾鼻神社還用過長鬚鯨顎骨作為鳥居，捕鯨持續到戰後，在全球鯨豚保育意識抬頭下，一九八一年台灣結束捕鯨事業。沙灘一隅的長條水泥物延伸到海裡，那是捕鯨棧道，見證著台灣的捕鯨史。關於捕獲像鯨魚這樣巨大生物的經濟活動，如果恐龍還存在，人類也應該會發展出捕龍產業，各種恐龍的肉類及加工品會成為世界經濟的一環，但也會有人組織恐龍保護團體吧。

魏爸聊起恆春城牆

由南灣向北騎在台26線上，途中一個岔路口，綠色路標指示右向為恆春市區，就順這條恆南路騎往恆春古城，一、兩分鐘的時間，過東門溪上的龍鑾橋，兩旁透天店舖、各種招牌挨次密集起來，過了個弧彎，南門出現在稍遠處的圓環中。在圓環旁水果露店買香蕉吃，邊吃邊看也叫明都門的南門，城台上單簷歇山燕尾脊的城樓軒亭，城座雉堞及砲座、圓孔門洞，整體散發防禦的實際考量下，融入當時清國制規的傳統美學。

市區小騎一會兒看了前為恆春公會堂的轉運站，再回到圓環由岔出的光明路騎到恆春教會，在教會遇見魏爸，小聊並拍了教會後，走到對面人行道看一道約三公尺高的長牆。

「你知道這道牆是什麼嗎？」魏爸走過來一起看問我。

「我知道，是恆春城牆。」

「你看這裡有彈孔，是第二次世界大戰美軍空襲留下的」他指著牆上的凹洞說。我表示覺得很不可思議，因為連鄉下的恆春當時都遭遇空襲。

「日本人在附近有建恆春機場啊，嗯，還有一次美軍從菲律賓出發的飛機，本來要去炸高雄，因為飛機發動機出問題沒辦法飛到高雄，就在恆春投彈。」魏爸大概解釋了原因。

「我還要進教會一下，回台南慢慢騎，再見！」
「魏爸再見！」
帶上一包教會旁蛋捲店的蛋捲，準備傍晚到高雄跟團契青少年小敘時一起吃。

外來岩塊

順著經過城內的猴洞山小丘左轉中山路，不遠處是西門門洞，一分多鐘穿過門洞，在西門路道路透視的端點是虎頭山。這讓我想起恆春縣城築城的四靈之說。當時清國官員劉璈，以猴洞山為匯點，北門外的三台山為玄武，西門外的虎頭山為白虎，南門外的龍鑾山為青龍，東門背靠西屏山為朱雀，西北間隙有龜山作屏障，以此作恆春縣城的護衛架勢，戡定了築城位置。

西門路邊白色天主堂，十字架在頂端的四階直立梯，當中放置三個鐘，搭上今天的天空，是古城外的愛琴海小景。再度接上台26線，右邊三個圓山頂相連的三台山，加上稍北的虎頭山，自草原隆起，這些被稱作外來岩塊的山，還有幾小時前經過的大尖石山、大圓山等，久遠之前是沉在海底的巨大岩石，在歐亞板塊及菲律賓板塊擠壓運動，終將岩塊擠出海平面，在海平面陸化成低緩丘陵及平地。這些岩塊山峰一一昂立，成為國境南端獨特的風景。

勾芡糖水綠豆蒜

騎上車城橋要過四重溪了，橋端有個可愛方形紅底白色溫泉標誌，提醒遊客這附近有四重溪溫泉，橋上西邊看去有座斜張橋，東邊溪流兩邊綠意護堤，溪水蜒流自均高的遠山，景色很好，可我心裡想的是車城名物綠豆蒜！

看到對面加油站左轉福安路，立刻在販厝中找著黃家綠豆蒜。黃黃的綠豆仁藏上粉角，沉浮在薄薄的勾芡糖水裡，最上面是滿滿的白晶細碎冰，舀上一

匙在口中，啊——綠豆仁口感粒粒、粉角滑潤彈Q，清爽不膩的冰甜，騎到身子微熱後吃上這一碗甜湯，實在非常爽呢。

「欸，你知道綠豆蒜裡沒蒜頭，為什麼名字還有個蒜？」隔壁桌深灰色連帽外套男孩問旁邊丸子頭女孩。

「我不知道耶——」

「是因為綠豆剝殼後，綠豆仁像蒜末的樣子所以叫綠豆蒜。」深灰色連帽外套男孩說。

「喔——原來是這樣啊。」丸子頭女孩右手托著臉回答。

這一桌的我，想到另一個答案，中國的潮汕地區，有種糖水叫綠豆爽清心丸，馬來西亞及新加坡也有叫豆爽的甜湯，樣子與綠豆蒜很相似，而爽字潮州讀音類似散，有攪拌的意思，也是這幾道甜湯糖水製作所需的動作。看來或許綠豆蒜的蒜，在誤傳之下從原先動詞的爽、散轉變名詞蒜。

騎進車城聚落，看了日式屋頂簡潔洋風屋身的車城庄役場，加上門前的椰子樹，視覺構圖發散時代感，是日本帝國南方浪漫的基調。

無垠的天藍色

看手機地圖由車城到枋寮，基本都是鄰近海岸的公路，設了楓港及枋山為中繼點。途中道路平緩，右邊山地、丘陵偶有房舍的交互，左邊是台灣海峽，海平線緊貼無雲的晴藍，偶爾順著公路會來到離海稍遠的岸邊林地，海像躲貓貓在樹叢間忽隱忽現。

騎過與公路相連的社皆橋，左前方白色外觀紅瓦斜頂的屋群，幾棟三層或四層相接，最高的屋頂上面有竹蜻蜓雷達，慢慢地轉啊轉。騎了兩分鐘，右邊出現兩條紅鋼拱交叉成圓弧建築，如太空基地的荒廢加油站。

再十分鐘右邊臨路陡坡山地，隨路景前進，出現高聳柱體、頂端圓盤狀的瞭望塔，柱體有空橋連到後面建物，這是有宇宙站既視感的H會館，建築對面是寬闊的海景。這段屏鵝公路沿途幾個建築，當在滿星銀河晴夜下，會讓人恍若身處科幻宇宙場景中吧。

來到楓港，停在台26線與台1線的路口交界處，這裡台26線右轉會銜接台9線，是南迴公路往台東的方向，接下來是前行騎台1線往枋山。此次環島經過楓港的兩年後，這裡有個原居住在楓港村的蔡姓家族，家族中一位女兒，當選為台灣歷史上的第一位女總統。小村落除了前山與後山要道匯集點，在地圖上又多了個意義。

由楓港橋過楓港溪，台1線上台9線的高架橋彎了大弧，穿過大弧高架橋下往前騎一會兒，十二點五十三分停在微熱有風的路邊，因為天空的藍實在令我感動，那超越青金石的群青色和地上所有的藍色，是創造主用日光為顏料，勻稱了天空的純粹無垠。

「啊，天空好藍啊。」我著迷看著對自己說。

魚塭迷宮邊的番子崙與大武力

繼續前行途中，對面路邊靠海沙地，陸續經過幾輛行動咖啡吧，車體打開成為M狀，木麻黃樹下擺上遮陽傘桌椅，要不是趕路，有點想點上一杯，對著天空及閃耀的波浪海紋，來個午後的咖啡。

從枋山大橋上經過水量不多的枋山溪，下橋後看著溪北岸的連山綠色山腰，遠處下邊高架南迴鐵道接進的枋山車站，中間山腰是枋山海纜衛星通信中心，四座白色碟型衛星天線，兩大兩小聚集一處很顯眼，再一個科幻宇宙感的地標。

看到枋山市區的路牌標示，好奇地左轉騎進去，不久在加祿國小枋山分校的大門前看到海景！沿枋山路看了幾間洗石子老屋，隨手拍下一間號為「穎川堂」街屋，半圓山牆有陳字姓氏，街上坐在門邊的婆婆、小孩對我投以好奇的眼光，一般人不會特別騎進來吧。騎在一條猶如時空閉鎖的街路，接出台

1線。

經內獅國小，大門隔著台1線前方也是海景，旁邊直直小路一端是內獅車站，斜屋頂黃色小磚，白色柱子及棕紅面牆，柱子上還加了雀替，二樓高牆面有兩面八角窗，樣子是簡化的中國風格。內獅站表達上個世紀，一種因政治所產生，現代主義與中國古典式樣融合的建築，荒涼站體及周邊標註著那時代。

由枋寮大橋越過率芒溪，取道左邊岔路由中山路進入枋寮市

區，目標是乃木將軍登陸紀念公園。騎到枋寮車站附近轉往堤岸旁道路，騎了十多分鐘的景色，堤岸布滿縱橫相連的塑膠水管，管線密密麻麻地抽取海水，另一邊是廣域的魚塭池，在左前方一處有涼亭的綠樹區，確定是要找的公園。

一八九五年十月十一日，乃木希典中將率第二師團由澎湖出發，在枋寮番仔崙這裡登陸，攻克佳冬、鳳山，九天後前進到二層行，劉永福已離開府城潛逃至廈門。

當時府城仕紳請托基督教長老會巴克禮、宋忠堅牧師與日軍交涉，一行人傍晚由府城小南門出城，見到宿營於太爺庄的乃木希典時，已快要半夜三點，牧師表達府城居民願意和平開城。十月二十一日，日軍進入府城，大致底定全島。

公園有座小丘平台，平台底嵌一塊碑石，簡述乃木將軍登陸及在高屏零星的戰役。這個一眼望去全是魚塭、可遠眺大武群山之地，是開啟台灣日本時代的起點之一，而我與轉動的腳踏車，從那段歷史連結到這個百餘年前的登陸點。

公園裡的伯伯跟我小聊日軍登陸的事，說到附近新龍村有枋寮教會，覺得我應該有興趣。折返原路左轉一處小路，在十字路口看到只剩壁體的禮拜堂建築，牆壁是用石頭砌疊而成，正面圓拱入口兩邊的方尖窗、側邊方窗等，這些都是紅磚框體，入口上方有枋寮基督教會字樣。

這間教會遺跡在此，得從國共內戰結束說起，雖國民黨中華民國政府轉進台灣，仍占有浙江、福建沿海島嶼。韓戰之後共軍強攻這些島嶼，終在美國第七艦隊與國軍合作進行浙江外海的大陳島撤退，其中南麂島居民撤退來台灣後，就定居在舊稱大武力的新龍村。

枋寮基督教會是一位黃亞東牧師為照顧這些居民而建立，是當時主要的信仰中心之一。但這地區常有水患，居民逐漸外移，教會後也搬遷，留下的禮拜堂遺跡，述說那段撤退後到此，南麂居民在此的基督教信仰。

接下來要穿過魚塭小路接台1線，這一帶小路就是錯綜的迷宮，養殖魚池一片接一片，電線杆一根根立於路旁，水車啪啦——啪啦——轉動，轉個小彎路又是幾乎一個樣的景，看到一間水泥小房的工作大姊，確認往大馬路的方向如何走，順利騎出魚塭迷宮。

五間草寮房到異漾的機械都市

來到台1線，在路邊有小發財車椰子汁露店，車旁摺疊桌有塑膠瓶裝椰子水，滿滿青綠椰子堆滿車斗。跟紅球帽老闆說要買顆椰子直接喝，老闆立刻切開一顆椰子插上吸管，我豪邁雙手捧著吸，椰子水像水卻又有清清微微的甜，這是魚塭小繞路之後的綠洲休憩點。前行台17線的岔路口，台1線方向往潮州、屏東，我騎進台17線要由佳冬、東港方向進高雄。

下午兩點半，這條路往來車子並不多，鐵皮屋及工廠、農園、檳榔樹、路燈及電杆構築了兩旁景色。騎到佳冬時，幹道公路右邊一條小徑，一個神明鳥居立在小徑路口，但半邊柱子崁入民宅，牽腳踏車往裡邊走，通過有寶珠造的石橋，不遠處看到有鳥居的台階石基座，約走一百公尺到基座，上面空蕩僅有基礎遺構。神社遺跡融入居民的生活地景，只是在時間更迭裡，荒廢遺跡被留下記錄著歷史。

順著台17線來到林邊溪畔，騎

上林邊大橋，平行在右的是水管橋，紅色鋼拱一座接一座，平拉起置於橋墩的淺藍色水管橫越林邊溪。稍微加快騎速通過林邊進入東港，在市區中山路上看到麥當勞，才想起好像一直騎也沒吃午餐，居然也快四點了。

進店裡點了麥香魚堡、薯條及去冰紅茶，用餐時打電話給高雄教會青少年團契的小朋友們，約晚上在高雄市區見個面。吃完到外邊發現機車、車輛的人潮多了起來，在擁擠馬路中，前面是紅拱的進德大橋，路標有顯示左轉是華僑市場。

「啊！剛剛應該去華僑市場吃生魚片的，生魚片下次來再吃一頓吧。」

騎上橋越過東港溪進新園，取直線道路再接回台17線。鹽洲路的路口，經一處雙排綠樹排水圳道小橋，右前方有個歡迎光臨五房村綠底白字的牌子。

「五房村？」令人納悶的村名我想。

這得從東港溪與舊名叫下淡水溪的高屏溪說起，這兩條溪交界處，具記載早期雨季常是汪洋一片，而雨季過後會有沙洲。

清國乾隆時期一次大水，這一帶浮現高起的砂崙地，後幾年洪水都沒淹過這塊地，而這塊地之後出現五間草寮房屋，開墾者逐漸移入稱這裡為五房仔，但遇大水會成孤立沙洲，改稱五房洲，現今就以五房村為名。騎在近傍晚的五房村，幾處魚塭、農舍園子、現代透天厝疊合鄉下風景，到雙園大橋引道下方的龍州路，騎一、兩分後才有上橋的路口。

屏東與高雄交界的雙園大橋，車輛雖不多但車速都蠻快，我緊緊在右側車道騎。橋上的風有些大，冬季一月底，四點四十六分高屏溪暮色有點鐵灰藍，太陽霧霧的光渲染著北邊霧茫茫的天空。林園那一端是石化、化工的廠房，一整排的設備高塔、煙囪及管路，逆光之中呈現巨大機械都市的異漾美感。但現實中的這個場景，混雜各種汙染依附於發展之名。

《美麗島》雜誌

四點五十五分進入高雄林園，隨著天色暗沉，下班車潮開始湧入，連慢車道都擠滿機車。在工業區的澄亮夕陽下、擁擠的車陣中經過小港機場後，開始市區中山路區段的林蔭道，住宅、商辦大樓建築也密集出現在途中的景色中，路燈、車燈、樓房的燈都亮起。

沿中山路區段往北，騎過人車川流繁密的三多圓環、中央公園，稍停在中山路一段與大同一路的路口，左前方的隅角三層樓店面，昏暗騎樓鐵門緊閉，是樣子平凡的建築物，但這建築物及地點，開啟了島國台灣民主政治的新里程。

一九七九年九月創刊的一本雜誌《美麗島》，雜誌社的高雄服務處，就是這棟隅角三層的建築。創刊那年的世界人權日十二月十日，美麗島雜誌社舉辦集會遊行，要求廢除戒嚴及釋放政治犯，當天晚上民眾集合在高雄服務處，遊行路線先走到北邊圓環，也就是美麗島站圓環旁的新興分局，抗議雜誌社義工被毆事件。

原本計畫折返走到當時稱為扶輪公園的中央公園集會，但四周道路已被封鎖，遊行隊伍只得臨時更改集會地點，就在美麗島站圓環聚集。過程中政府當局早已部署鎮暴部隊，依照片及口述，部隊手持盾牌、棍子新型鎮暴車已將各路口封鎖，接著施放了催淚瓦斯，民眾用行道樹旁的鐵欄杆、路上磚塊、石頭回擊，至此爆發警民衝突。

緊接而來的是美麗島雜誌社遭關閉，幹部們及相關人士甚至有牧師在事件後被逮捕。進行軍事法庭審判期間，在國際社會關注下，這些人皆以叛亂罪入獄。當時為他們辯護的律師團，陳水扁、謝長廷、蘇貞昌等人，後來都成為台灣民主政治史上，再一個新頁的重要人物。時間來到一九九〇年，就任總統的李登輝簽署美麗島事件特赦令，釋放事件中的政治犯重獲自由。

這美麗島事件，讓國民黨政府終於順應世界潮流解除戒嚴、開放黨禁、報禁，台灣迎來了國會全面改選、總統直選的民主體制。還有一件事，作為雜誌名字的《美麗島》，是源自戒嚴時期同名的禁歌《美麗島》。看著這棟隅角三層的建築，對比夜晚此時日常平凡的車流，這路口著實不平凡。前方美麗島捷運站，日本建築師高松伸也因這場域特殊性，設計四座如合掌形的玻璃帷幕入口，意喻「祈禱」以此紀念美麗島事件的記憶。

在六合夜市旁一家咖啡店，阿澤、小安、珊珊已坐在騎樓的桌椅等我。

「厚，團契輔導去環島居然沒說！」高二的珊珊說。

「我很低調的，好啦，有買恆春蛋捲給大家吃。」

「騎這麼多天不會累嗎？」

「還好啦。」我回答高二的小安。

「這蛋捲好吃耶！」大二的阿澤專心吃蛋捲，用專業表情說。

「你們知道嗎？蛋捲是基督教有關的甜點喔！」我喝了口冰咖啡說。

「中古世紀的挪威人，聖誕節的時候，會用雞蛋、糖、麵粉及奶油做叫krumkake，音譯為克魯姆克的食物來慶祝享用！樣子是圓錐狀的捲餅。」

接著又講了環島一些事，看時間也快八點，跟他們再見繼續行程。

《My Refuge》我的避難所，〈As I Praise and Worship You〉

遠遠看到中博高架橋的上坡，將變速先換為中速檔，路口綠燈時，站起身子快踩加速上橋，左側機車、汽車都輕鬆超越我前進。橋上平視舊高雄站屋頂，夜晚打光讓這帝冠式建築的細部光影更加明顯，更加有不苟的華麗感。

下橋接博愛路，再穿梭於一棟棟燈光明亮的人樓，通過台灣高鐵左營站接回台1線，楠梓區段景色也轉為晚間工廠、林地樣子。公路上高雄捷運高架下方的橋頭橋墩路拱，七座方形拱分別上了彩虹七色，黑夜中穿越燈光映照的彩虹道，騎在往台南方向的熟悉路段。

隨性騎進高雄捷運南岡山站休息，想到住在岡山的母親這時間在睡覺了吧。站口內挑高的樓梯與手扶電梯，進出站的人三三兩兩，十分鐘後，九點四十分離開南岡山站。一直放在大背包中的SONY貼耳式耳機，此時拿出來把線接到手機插孔，在整個環島路途中只有這段路放了音樂，播放的詩歌專輯是《My Refuge》我的避難所，從第一首歌〈As I Praise and Worship You〉開始，在暈黃路燈下，一陣陣晚風裡，聽著音樂我一路讚美敬拜唱和。

繞進岡山市區拍下晚間岡山教會，前進路竹、湖內，通過環球路與東方路交界路口，想起十多年前讀夜二專，常騎機車上下課的這條路，自台南往返附近的東方技術學院那傍晚夜道情境。今晚這段由高雄回到台南的台1線，基本上是清國時期縱貫道南段，那時以台灣府城，也就是台南為中心，北段至基隆及宜蘭，南段至鳳山通往枋寮。如從最北邊的基隆走到最南邊的枋寮，大約要十三天，這是順利的情況，如果有季節、天候影響可能要一個月。

那時縱貫道的往來旅行大多是徒步或乘轎，為何不使用驢、騾、馬進行移動呢？首先馬並不是台灣本地的動物，除要由福建渡海運來外，台灣氣候也不適合馬匹生活，就算馬匹順利運來，也只用於在冬季土地乾硬時發生的戰事，還有作為大官們儀典場合的座騎，其中最關鍵是台灣道路狹窄，山路險峻，平地也不平坦，然後有很多溪流，需用竹筏或走簡陋橋梁渡河時，也會使驢、騾、馬驚嚇而出狀況的種種問題。嗯，還有牛不是嗎？

牛車只適合搬運重物，不適於長程移動，所以所謂「一步一腳印」的徒步交通，真是那時代縱貫道的寫照。那個久遠道路不便的年代，只在文獻中可得知，但我騎在平坦的瀝青混凝土路面，公路無縫銜接多座橋梁，體驗了這個時代便利的旅行移動史，以腳踏車。

關於那時代縱貫道上的尖站與宿站，一般說打尖及打宿，打宿如字面是住宿，打尖是吃飯休息的意思，為何吃飯休息叫打尖呢？原來打尖是簡化自打發舌尖的說法。高雄鳳山走到台南府城這段路，由鳳山出發的話，會在楠梓打尖，岡山打宿一晚，隔天是湖內打尖，抵達府城打宿。此時騎到湖內，並沒停下來打尖，而是繼續騎。

經大湖教會後，再十多分鐘到二層行橋南端，等一下上橋過暗摸摸的二層行溪，就進入台南了，帶著有點近鄉情怯的感覺，站起身子騎上橋面。

橋上夜風勁涼，轎車、貨車、機車一輛輛超越我。

「台南，我回來了。」過橋後我說。

鳳凰木紅花綠隧與庄司總一的《陳夫人》

夜晚的台南都會公園，兩排樟木行道樹，跟其他城市景觀相近的店鋪、鐵皮屋、汽車展示場、工廠，夜裡都熄燈休息，花俏招牌的檳榔攤，還搭著變幻燈光，然後經過鐵道前生產路的椰子樹群，在白光路燈下騎在機慢車優先的車道，家越來越近了。

拍了此次環島最後一張教會照片，大同路二段的基督教浸信會三一堂，正面是兩塊斜邊在上的直角梯形，鏡射立於兩側，中間是深入山形牆面，中置拉丁十字架，是座現代美式風格教堂，創立時是英語禮拜堂，會友是戰後駐防在台南的美軍及他們的家人。三一堂標誌在二戰後初期島國台灣與美國協防合作，還有當時這一帶到水交社的美國文化生活圈。

沿東門圓環地下慢車道接北門路一段，安靜毗連透天店鋪，大都已關門休息，過青年路附近的興華街裡有一棟劉家洋樓，可能是小說《陳夫人》發想的場景之一。日本時代的庄司總一，以台日聯姻為敘事架構為題，身分是台灣人陳姓家族長子清文，赴日讀書娶回日本人安子，在台灣傳統漢人社會，這對夫婦都是教會基督徒，還有日本對台灣當時的殖民體制，設定鋪陳讓接下來故事的發展更有張力來展開。

我很喜歡作者描述他們出台南車站之後的一段敘述，是清文帶安子回到台南的情境：「種著鳳凰木的林蔭路，人力車隨在清文後面搖呀搖的載著安子……」文中那條鳳凰木的林蔭路，像極日本時代滿是浪漫氣息的大正町相片，那是現今台南站前已沒有林蔭的中山路，希望成排的鳳凰樹綠隧不只存在過去的照片裡。

回到草原的綿羊

十二點〇七分抵達巷子裡的家門口，常在附近溜躂的三花貓，在巷子旁紅磚圍牆上趴著，我們對看一下，三花貓打了個哈欠繼續趴著。將腳踏車牽進屋子裡，卸下兩邊馬鞍袋拿到樓上，整理隨行物品後，好好地沖了個熱水澡。家裡自己三樓房間的大床，還是最自由舒服的，想著船帆石、恆春、車城、楓港及枋山，然後枋寮、佳冬、林邊及東港到新園，從林園大橋進高雄，高雄跟團契小朋友見面，夜騎楠梓、

橋頭、岡山、路竹、湖內，過二層行溪回到台南。

禱告神，感謝祂保護看顧我平安的回到台南，今晚，騎腳踏車的綿羊，也應該繞過福爾摩沙一號衛星回到居住的草原了吧。

「你也騎了一千兩百公里的路，繞了島國福爾摩沙一圈。」綿羊跟我說。

「嗯，我們騎的里程一樣呢。」我說。

「環島簡單嗎？」綿羊問。

「環島比寫一本環島的書簡單喔。」我微笑回答。

探尋島國印記

綿羊到福爾摩沙一號的旅行

作　　者　家永實
校　　稿　白祐瑄

執 行 長　陳君平
榮譽發行人　黃鎮隆
協　　理　洪琇菁
總 編 輯　周于殷
資深企劃編輯　劉倩茹
美術總監　沙雲佩
封面設計　陳碧雲
公關宣傳　施語宸
國際版權　黃令歡、梁名儀

出　　版　城邦文化事業股份有限公司　尖端出版
臺北市民生東路二段141號10樓
電話：(02)2500-7600　傳真：(02)2500-1971
讀者服務信箱：spp_books@mail2.spp.com.tw
發　　行　英屬蓋曼群島商家庭傳媒股份有限公司
城邦分公司　尖端出版行銷業務部
臺北市民生東路二段141號10樓
電話：(02)2500-7600(代表號)　傳真：(02)2500-1979
劃撥專線：(03)312-4212
劃撥戶名：英屬蓋曼群島商家庭傳媒(股)公司城邦分公司
劃撥帳號：50003021
※劃撥金額未滿500元，請加付掛號郵資50元
法律顧問　王子文律師　元禾法律事務所　臺北市羅斯福路三段37號15樓

臺灣地區總經銷　中彰投以北(含宜花東)　楨彥有限公司
電話：(02)8919-3369　傳真：(02)8914-5524
地址：新北市新店區寶興路45巷6弄7號5樓
物流中心：新北市新店區寶興路45巷6弄12號1樓
雲嘉以南　威信圖書有限公司
(嘉義公司)電話：(05)233-3852　傳真：(05)233-3863
(高雄公司)電話：(07)373-0079　傳真：(07)373-0087

馬新地區經銷　城邦(馬新)出版集團　Cite(M) Sdn.Bhd.(458372U)
電話：(603)9057-8822　傳真：(603)9057-6622

香港地區總經銷　城邦(香港)出版集團　Cite(H.K.)Publishing Group Limited
電話：2508-6231　傳真：2578-9337
E-mail：hkcite@biznetvigator.com

版　　次　2023年3月1版1刷
I S B N　978-626-356-033-8

國家圖書館出版品預行編目（CIP）資料

探尋島國印記：綿羊到福爾摩沙一號的旅行/家永 實作. -- 1版. -- 臺北市：城邦文化事業股份有限公司尖端出版：英屬蓋曼群島商家庭傳媒股份有限公司城邦分公司尖端出版行銷業務部發行, 2023.03
面；　公分
ISBN 978-626-356-033-8(平裝)
1.CST: 臺灣遊記
733.69　　111019767